汉唐书局经典诵读文库

我是朗读者

第一辑 第八册 下

总主编 顾之川
执行总主编 万福成

山东城市出版传媒集团·济南出版社

图书在版编目（CIP）数据

我是朗读者.第八册.下/万福成主编.—济南：济南出版社，2018.3

ISBN 978-7-5488-3102-0

Ⅰ.①我… Ⅱ.①万… Ⅲ.①阅读课—中学—课外读物 Ⅳ.①G634.333

中国版本图书馆CIP数据核字（2018）第053356号

出版人	崔　刚
丛书策划	冀瑞雪
责任编辑	冀瑞雪　殷　剑
装帧设计	李海峰

出版发行	济南出版社
地　　址	山东省济南市二环南路1号（250002）
编辑热线	0531—86131747（编辑室）
发行热线	82709072　86131747　86131729　86131728（发行部）
印　　刷	山东新华印刷厂潍坊厂
版　　次	2018年9月第1版
印　　次	2018年9月第1次印刷
成品尺寸	150 mm×230 mm　16开
印　　张	8
字　　数	80千
印　　数	1—10000册
定　　价	26.00元

（济南版图书，如有印装错误，请与出版社联系调换。联系电话：0531-86131736）

总序言

顾之川

"推动全民阅读,构建书香社会"日益成为我国文化发展战略的重要组成部分,对于培育和践行社会主义核心价值观,提高国民思想道德素质和科学文化素质,建设社会主义文化强国,实现中华民族伟大复兴的中国梦具有重要意义。2017年《政府工作报告》中提出"大力推动全民阅读",国务院法制办随即发布《全民阅读促进条例(征求意见稿)》,指出国家将采取措施,支持和引导促进未成年人健康成长相关作品的创作出版。全民阅读的基础在校园,构建书香社会首先就是要构建书香校园。为此,山东城市出版传媒集团·济南出版社·汉唐书局策划了这套《我是朗读者》丛书,邀请一批高水平的语文教育专家精心结撰。该丛书规模庞大,一至九年级上册以及高中分册现已出版,一至九年级下册即将出版。作为丛书总主编,我闻之则喜,乐为此序。

读书是教育的常识。读书的形式有多种,有精读,有略读;有速读,有浏览;有朗读,有默读等。其中朗读是我国教育的优良传统之一,也是语文学习的一种重要途径。汉语具有很强的韵律感和节奏感,尤其是古代优秀诗文。通过朗读,我们可以与经典对话,与大家交流,感悟语言之美,体会节奏之韵,领略声调之味,品鉴诗文之境,从而积累和丰富语言,感受其艺术魅力,提高理解能力和审美素养。朗读还有助于培养对语言的直觉思维能力,是提高写作水平和口语表达能力的好办法。人们说"功夫靠练,文章靠念"。古人云:"读书百遍,其义自见。""熟读唐诗三百首,不会吟诗也会吟。"《义务教育语文课程标准》（2011年版）指出："各学段都要重视朗读训练。""要让学生在朗读中通过品味语言，体会作者及其作品中的情感态度，学习用恰当的语气语调朗读，表现自己对作者及其作品情感态度的理解。"这些都说明朗读在语文学习中的重要性。

  语文学习关系着一个人的终身发展，社会语文素养的提高关系着国家的软实力和文化自信。对于中小学生来说，提高语文素养的主要途径，一是靠课堂有效教学，二是靠课外大量阅读，三是靠社会生活实践。语文学习不能只靠语文课本。要学好语文，课堂有效教学只是其中的一个方面，还必须伴以课外大量阅读，最好还能参与社会生活实践。无数经验证明，凡是语文学得好的学生，都是具有良好阅读习惯，都是在课外读了大量书的。学生书读得多了，自然会有自己的思考，把自己思考的成果说出来或写出来，就是口语交际和写作。所以，读书、思考和表达都是学好语文不可缺少的重要环节。关键是要引导学生激发阅读兴趣，掌握阅读方法，养成阅读习惯，感受书香魅力，这会让他们受益终生。

  这套《我是朗读者》丛书精选适合朗读的古今中外文学经典作品，按照不同文体、时代和国别，分年级编写。本套书共25册，其中，小学和初中分上、下册，共18册，每册按周编排，便于学生有计划有选择地朗读；高中为单卷本，共7册。这套书对提高广大中小学生的语文素养大有裨益。如果能让朗读伴随成长，成为一种习惯，一种生活方式，用文学的汁液滋润人生，相信一定能够充实自己，濡染身心，滋养情怀，修养人格，增加生命的厚度。

2018年6月27日 序于南京秦淮河畔

目录

第一周　古代诗歌（一）
1. 观　猎 / 1
2. 金陵酒肆留别 / 2
3. 夜泊牛渚怀古 / 3
4. 羌村三首（其一）/ 4
5. 天末怀李白 / 5

第二周　古代诗歌（二）
6. 咏怀古迹五首（其三）/ 6
7. 秋兴八首（其一）/ 7
8. 人问寒山道 / 8
9. 省试湘灵鼓瑟 / 9
10. 长沙过贾谊宅 / 10

第三周　古代散文（一）
11. 资治通鉴·周纪一
　　（节选）/ 11
12. 吕氏春秋·去私
　　（节选）/ 12

13. 左传·襄公三十一年
　　（节选）/ 13
14. 庄子·达生（节选）/ 14
15. 请许台省长官举荐属吏状
　　（节选）/ 15

第四周　现代诗歌（一）
16. 西　山 / 16
17. 黄　鹂 / 17
18. 整片的寂寥 / 18
19. 雨　景 / 19
20. 燕　子 / 20

第五周　当代诗歌
21. 我选择夏天 / 22
22. 陨　石 / 24
23. 关于轻 / 26
24. 流水线 / 28
25. 我常常享受一种孤独 / 30

1

第六周　现代散文（一）

26. 月朦胧，鸟朦胧，帘卷海棠红 / 32
27. 苦　雨（节选）/ 34
28. 雨 / 37
29. 蝉与纺织娘（节选）/ 39
30. 茶　馆 / 41

第七周　当代散文

31. 爸爸教我读中国诗（节选）/ 43
32. 窗前的树（节选）/ 45
33. 暮雨乡愁（节选一）/ 48
34. 暮雨乡愁（节选二）/ 51
35. 暮雨乡愁（节选三）/ 53

第八周　外国诗歌（一）

36. 蝈蝈和蛐蛐 / 55
37. 眼　睛 / 57
38. 小工人 / 59
39. 冬天的早晨 / 62
40. 预　感 / 65

第九周　古代诗歌（三）

41. 除夜宿石头驿 / 66
42. 寄李儋元锡 / 67
43. 西塞山怀古 / 68
44. 花非花 / 69
45. 登柳州城楼寄漳汀封连四州刺史 / 70

第十周　古代诗歌（四）

46. 遣悲怀三首（其二）/ 71
47. 暮过山村 / 72
48. 咸阳城西楼晚眺 / 73
49. 梦　天 / 74
50. 江　村 / 75

第十一周　古代散文（二）

51. 墨子·兼爱中（节选）/ 76
52. 荀子·天论（节选）/ 77
53. 孔子家语·王言解（节选）/ 78
54. 管子·牧民（节选）/ 79
55. 管子·治国（节选）/ 80

第十二周　现代诗歌（二）

56. 光　明 / 81
57. 北河沿的路灯 / 82
58. 风　筝 / 84
59. 诗 / 86
60. 夜　歌 / 87

第十三周　现代散文（二）

61. 树与柴火 / 89
62. 上景山（节选）/ 91
63. 春晖的一月（节选）/ 93
64. 冰雪北海 / 96
65. 翡冷翠山居闲话（节选）
　　/ 99

第十四周　外国诗歌（二）

66. 短　歌 / 101
67. 致大海 / 103
68. 总　是 / 108
69. 秋　怨 / 109
70. 天　鹅 / 111

附录　朗读资料卡 / 113

第一周 古代诗歌（一）

1. 观 猎

〔唐〕王 维

风劲角弓鸣，将军猎渭城。
草枯鹰眼疾，雪尽马蹄轻。
忽过新丰市，还归细柳营。
回看射雕处，千里暮云平。

◎ 伴我朗读

①眼疾：目光敏锐。②新丰市：古地名，盛产美酒。③细柳营：在今陕西西安，是汉代名将周亚夫屯军之地。此处指打猎将军所居军营。④暮云平：傍晚的云层与大地连成一片。

此诗前四句为第一部分，写射猎的过程；后四句为第二部分，写将军傍晚收猎回营的情景。纵观全诗，先写出猎，后写猎归，起得突兀，结得意远。全诗承转自如，有格律束缚不住的气势，又能首尾相顾，这是章法之妙。诗句明白晓畅，体现了将军出猎的豪情和英姿。

2. 金陵酒肆留别

〔唐〕李 白

风吹柳花满店香,吴姬压酒劝客尝。
金陵子弟来相送,欲行不行各尽觞。
请君试问东流水,别意与之谁短长?

◎ 伴我朗读

　　①吴姬:吴地的青年女子,这里指酒店中的侍女。②压酒:压糟取酒。古时新酒酿熟,临饮时方压糟取用。③子弟:指李白的朋友。④欲行:将要走的人,指诗人自己。⑤不行:不走的人,即送行的人,指金陵子弟。⑥尽觞:喝尽杯中的酒。觞,酒杯。

　　《金陵酒肆留别》是李白即将离开金陵,东游扬州时留赠友人的一首话别诗,篇幅虽短,却情韵悠长。此诗由写仲夏胜景引出逸香之酒店,铺就其乐融融的赠别场景;随即写吴姬以酒酬客,表现吴地人的豪爽好客;最后在觥筹交错中,主客相辞的动人场景跃然纸上,表达了诗人对金陵和友人的留恋之情。

3. 夜泊牛渚怀古

〔唐〕李 白

牛渚西江夜,青天无片云。
登舟望秋月,空忆谢将军。
余亦能高咏,斯人不可闻。
明朝挂帆席,枫叶落纷纷。

◎ 伴我朗读

①牛渚:山名,在今安徽当涂西北。②谢将军:东晋谢尚,陈郡阳夏(今河南太康)人,曾任镇西将军,镇守牛渚。③高咏:谢尚赏月时,曾闻诗人袁宏在船中高咏,大加赞赏。袁宏从此声名大振,后官至东阳太守。④斯人:此人,指谢尚。⑤挂帆席:扬帆驶船。

此诗叙写诗人望月怀古,抒发怀才不遇之伤感。首联开门见山,点明时间及地点;颔联由望月过渡到怀古,追慕谢将军;颈联由怀古回到现实,抒发不遇知音的深沉感喟;末联宕开写景,想象明朝挂帆远去的情景,更显知音难遇之凄凉寂寞。

4. 羌村三首（其一）

〔唐〕杜　甫

峥嵘赤云西，日脚下平地。
柴门鸟雀噪，归客千里至。
妻孥怪我在，惊定还拭泪。
世乱遭飘荡，生还偶然遂。
邻人满墙头，感叹亦歔欷。
夜阑更秉烛，相对如梦寐。

◎ 伴我朗读

①峥嵘赤云西，日脚下平地：写未到羌村时远望所见的景色。②妻孥（nú）：妻子和儿女。③遂：如愿以偿。④歔欷（xū xī）：悲泣之声。⑤夜阑：深夜。

《羌村三首》是杜甫的代表作，这里选的是其中第一首。诗歌着重写诗人乱后还乡，合家欢聚的情景，以及在战乱时期特殊的心理活动。虽然作品讲述的只是诗人的个人经历，但诗中所写的"妻孥怪我在，惊定还拭泪"，"夜阑更秉烛，相对如梦寐"等亲人相逢的情景，以及"邻人满墙头，感叹亦歔欷"的场面，绝不只是诗人一家特有的生活经历，它具有普遍的社会意义。这也是杜甫诗作被称为"诗史"的原因。

5. 天末怀李白

〔唐〕杜 甫

凉风起天末,君子意如何?

鸿雁几时到?江湖秋水多!

文章憎命达,魑魅喜人过。

应共冤魂语,投诗赠汨罗。

◎ 伴我朗读

①天末怀李白:天末,天的尽头,这里指秦州(今甘肃天水)。秦州地处边塞,如在天之尽头。当时李白因永王李璘案被流放夜郎,途中遇赦还至湖南。②江湖:喻指充满风波的路途。这是为李白的行程担忧之语。③魑魅:鬼怪,这里指邪恶势力。④过:过错,过失。⑤冤魂:指屈原。屈原被放逐,投汨罗江而死。杜甫深知李白追随永王李璘实出于爱国,最终却被流放,正和屈原一样。所以说,李白应和屈原一起诉说冤屈。

此诗以凉风起兴,对景相思,设想李白于深秋时节在流放途中,从长江经过洞庭湖一带的情景,表达了诗人对李白深切的牵挂、怀念和同情。

第二周 古代诗歌（二）

6. 咏怀古迹五首（其三）

〔唐〕杜 甫

群山万壑赴荆门，生长明妃尚有村。
一去紫台连朔漠，独留青冢向黄昏。
画图省识春风面，环珮空归夜月魂。
千载琵琶作胡语，分明怨恨曲中论。

◉ 伴我朗读

①明妃：指王昭君。②紫台：汉宫。③朔漠：北方大沙漠。④省（xǐng）识：不识。省，"岂省"的省文。⑤春风面：形容王昭君的美貌。⑥怨恨曲中论：乐曲中诉说着昭君的怨恨。

这首诗是《咏怀古迹五首》中的第三首，诗人借咏昭君来抒写自己的怀抱。昭君远嫁塞外，去国之怨难以言表。因此，"怨"成为全诗的主题。"一去"两字，是怨的开始，"独留"两字，是怨的终结。诗人既同情昭君，也感慨自身，在诗中寄托了自己的身世家国之情。

7. 秋兴八首（其一）

〔唐〕杜 甫

玉露凋伤枫树林，巫山巫峡气萧森。
江间波浪兼天涌，塞上风云接地阴。
丛菊两开他日泪，孤舟一系故园心。
寒衣处处催刀尺，白帝城高急暮砧。

◎ 伴我朗读

①玉露：秋天的霜露，因其白，故以玉喻之。②凋伤：使草木凋落衰败。③接地阴：风云盖地。④丛菊两开：此时杜甫离开成都已历两秋，故云"丛菊两开"。"开"字双关，既谓菊花开，又言泪眼开。⑤催刀尺：指赶裁冬衣。⑥急暮砧：黄昏时急促的捣衣声。砧，捣衣石。

《秋兴八首》是杜甫的一组七言律诗，这里选的是其中第一首。这首诗通过对巫山、巫峡的秋色、秋声的形象描绘，烘托出阴沉萧森、动荡不安的环境气氛，抒发了诗人忧国之情和孤独抑郁之感。

8. 人问寒山道

〔唐〕寒　山

人问寒山道，寒山路不通。
夏天冰未释，日出雾朦胧。
似我何由届，与君心不同。
君心若似我，还得到其中。

◎ 伴我朗读

①届：到。②与君心不同：指佛心与凡心不同。

此诗中"山"和"道"带有象征意味，表面上指现实生活中的山和道，实指悟道的境界和途径。诗人认为，能否参悟大道的关键在于本心，不应求诸外，而应求诸己。

9. 省试湘灵鼓瑟

〔唐〕钱　起

善鼓云和瑟，常闻帝子灵。

冯夷空自舞，楚客不堪听。

苦调凄金石，清音入杳冥。

苍梧来怨慕，白芷动芳馨。

流水传潇浦，悲风过洞庭。

曲终人不见，江上数峰青。

◎ 伴我朗读

①帝子：指尧帝之女，即舜的妻子娥皇、女英。②冯（píng）夷：传说中的河神名。③楚客：指屈原，一说指远游的旅人。④杳冥：遥远的地方。

这是钱起进京参加省试时所作的试帖诗。此诗既紧扣题旨，又能驰骋想象，使无形的乐声得到有形的表现。全诗通过多层次、多角度的描写，形象地再现了湘灵——娥皇和女英寻夫不遇时，鼓瑟所奏的苦调清音，生动地表现了二妃对舜帝的思念之情，成为公认的试帖诗范本。

10. 长沙过贾谊宅

〔唐〕刘长卿

三年谪宦此栖迟，万古惟留楚客悲。
秋草独寻人去后，寒林空见日斜时。
汉文有道恩犹薄，湘水无情吊岂知？
寂寂江山摇落处，怜君何事到天涯！

◎ 伴我朗读

①贾谊：西汉文帝时政治家、文学家。后被贬为长沙王太傅。②楚客：指贾谊。③汉文：指汉文帝。

此诗通过对贾谊不幸遭遇的凭吊和痛惜，抒发了诗人自己怀才不遇的悲愤情绪。全诗意境悲凉，真挚感人，堪称唐人七律中的精品。

第三周　古代散文（一）

11. 资治通鉴·周纪一（节选）

〔宋〕司马光

齐威王召即墨大夫，语之曰："自子之居即墨也，毁言日至。然吾使人视即墨，田野辟，人民给，官无事，东方以宁；是子不事吾左右以求助也！"封之万家。召阿（ē）大夫，语之曰："自子守阿，誉言日至。吾使人视阿，田野不辟，人民贫馁（něi）。昔日赵攻鄄（juàn），子不救；卫取薛陵，子不知；是子厚币事吾左右以求誉也！"是日，烹阿大夫及左右尝誉者。于是群臣耸惧，莫敢饰诈，务尽其情，齐国大治，强于天下。

◎ 伴我朗读

①辟：开垦，开辟。②贫馁：贫困挨饿。馁，饥饿。③事：原意是"奉承"，这里是"贿赂"的意思。④耸：同"悚"，恐惧。⑤饰诈：作假欺骗。

判断事情真伪，要以事实为依据，眼见为实，兼听则明，切不可偏听偏信。齐威王赏罚分明，不论是奖赏即墨大夫还是惩罚阿大夫，都有事实依据，因而得到了群臣的拥戴，使齐国走向富强。

12. 吕氏春秋·去私（节选）

天无私覆也，地无私载也，日月无私烛也，四时无私行也。行其德而万物得遂长焉……尧有子十人，不与其子而授舜；舜有子九人，不与其子而授禹：至公也。

晋平公问于祁黄羊曰："南阳无令，其谁可而为之？"祁黄羊对曰："解狐可。"平公曰："解狐非子之雠（chóu）邪？"对曰："君问可，非问臣之雠也。"平公曰："善。"遂用之。国人称善焉。居有间，平公又问祁黄羊曰："国无尉，其谁可而为之？"对曰："午可。"平公曰："午非子之子邪？"对曰："君问可，非问臣之子也。"平公曰："善。"又遂用之。国人称善焉。孔子闻之曰："善哉！祁黄羊之论也，外举不避雠，内举不避子。"祁黄羊可谓公矣。

◎ 伴我朗读

①德：指四季得以顺次交替的自然规律。②雠：仇敌。

祁黄羊一心为公，唯贤是举。"外举不避雠，内举不避子"，这是对祁黄羊以国家利益为重，不顾个人恩怨的优秀品质的高度赞扬。

13. 左传·襄公三十一年（节选）

郑人游于乡校，以论执政。然明谓子产曰："毁乡校，何如？"子产曰："何为？夫人朝夕退而游焉，以议执政之善否。其所善者，吾则行之；其所恶者，吾则改之。是吾师也，若之何毁之？我闻忠善以损怨，不闻作威以防怨。岂不遽（jù）止？然犹防川，大决所犯，伤人必多，吾不克救也；不如小决使道（dǎo），不如吾闻而药之也。"然明曰："蔑也今而后知吾子之信可事也。小人实不才。若果行此，其郑国实赖之，岂唯二三臣？"

仲尼闻是语也，曰："以是观之，人谓子产不仁，吾不信也。"

◎ 伴我朗读

①乡校：古代地方学校。②遽：迅速。③决：决堤。④道：通"导"，疏导。

子产把乡校作为了解民情民意的场所，而且注重根据民意调整自己的政策和行为，颇得百姓的爱戴，从而使郑国强盛起来。

14. 庄子·达生（节选）

仲尼适楚，出于林中，见痀（jū）偻者承蜩（tiáo），犹掇之也。

仲尼曰："子巧乎！有道邪？"

曰："我有道也。五六月累丸二而不坠，则失者锱铢（zī zhū）；累三而不坠，则失者十一；累五而不坠，犹掇之也。吾处身也，若厥株拘；吾执臂也，若槁木之枝。虽天地之大，万物之多，而唯蜩翼之知。吾不反不侧，不以万物易蜩之翼，何为而不得！"

孔子顾谓弟子曰："用志不分，乃凝于神，其痀偻丈人之谓乎！"

◎ 伴我朗读

①痀偻者：驼背的人。②承蜩：把蝉黏住。蜩，蝉。③犹掇之：好像用手拾取一样（容易）。掇，拾取，用手去拿。④锱铢：古代重量单位，二十四铢一两，六铢为一锱。此处喻极微小的数量。⑤唯蜩翼之知：即唯知蜩翼。只能感知蜩翼，其他事物好像不知道、看不见。

本文通过"痀偻者承蜩"的故事，说明凡事只要专心致志，排除外界的一切干扰，勤学苦练，并持之以恒，就一定能有所成就。

15. 请许台省长官举荐属吏状（节选）

〔唐〕陆 贽

人之才行，自昔罕全，苟有所长，必有所短。若录长补短，则天下无不用之人；责短舍长，则天下无不弃之士。加以情有憎爱，趣有异同，假使圣如伊、周，贤如墨、杨，求诸物议，孰免讥嫌？昔子贡问于孔子曰："乡人皆好之，何如？"子曰："未可也。""乡人皆恶之，何如？"子曰："未可也。不如乡人之善者好之，其不善者恶之。"盖以君子小人意必相反，其在小人之恶君子，亦如君子之恶小人。将察其情，在审其听，听君子则小人道废，听小人则君子道消。

◎ 伴我朗读

①趣：志趣。②伊、周：指伊尹、周文王。③墨、杨：指墨翟、杨朱。④物议：众人的议论，多指非议。⑤好：赞扬。⑥可：肯定。

本文集中论述了人才问题。作者采用了两种不同的论证方法。先采用说理的方法强调对人才不能苛求，这是理论论证。后引用孔子的话论述选用人才的标准，这是引用论证。

第四周　现代诗歌（一）

16. 西　山

陈梦家

多少白皮松的萧萧？
多少云纱挂在松梢？
多少山泉流的幽悄？
山下的驼铃，有多少？

谁信云纱还送羊群
踩着松梢下山？
谁信今夜远远的骆驼铃，
在十七的月下，像星？

◎ 伴我朗读

《西山》是一首写景诗。其意境之美，在于半藏半露、流动不定的复杂结构。这首小诗画幅虽小，却能给人一种曲径通幽的美感。

17. 黄　鹂

徐志摩

一掠颜色飞上了树。
"看，一只黄鹂！"有人说。
翘着尾尖，它不作声，
艳异照亮了浓密——
像是春光，火焰，像是热情。

等候它唱，我们静着望，
怕惊了它。但它一展翅，
冲破浓密，化一朵彩云；
它飞了，不见了，没了——
像是春光，火焰，像是热情。

◎ 伴我朗读

　　诗中所描绘的这只美丽的黄鹂鸟，是大自然春天画卷上的点睛之笔，是一个跳动、飞翔的艺术精灵，一段欢快、热情的青春生命。它色彩那么鲜明，姿态那么轻盈，可是最后却飞走了，留给读者些许遗憾。

18. 整片的寂寥

刘大白

整片的寂寥，
被点点滴滴的雨，
敲得粉碎了，
也成为点点滴滴的。

不一会儿，
雨带着寂寥到池里去，
又成为整片的了；
寂寥却又整片地回来了。

伴我朗读

此诗紧紧围绕"雨点"和"池水"两个单纯的意象，经过精巧的艺术构思，以独特的形式表现出"寂寥"的感受。但从诗人活泼有趣的想象来看，"寂寥"并不代表忧伤沉重，反而体现了诗人内心的豁达和洒脱。

19. 雨 景

朱 湘

我心爱的雨景也多着呀；
春夜春梦时窗前的淅沥；
急雨点打上蕉叶的声音；
雾一般拂着人脸的雨丝；
从电光中泼下来的雷雨——
但将雨时的天我最爱了。
它虽然是灰色的却透明；
它蕴着一种无声的期待。
并且从云气中，不知哪里，
飘来了一声清脆的鸟啼。

◎ 伴我朗读

  这首诗被认为是一首"写景诗"，但在看似简单的景物描写中，蕴含着丰富的感情。诗人期待一种时代的风雨，能够打破那种沉闷的气氛。那句"飘来了一声清脆的鸟啼"真如神来之笔，将那种对于生机和活力的期待刻画得淋漓尽致。

20. 燕 子

郑振铎

燕子问玫瑰花道:
"你也是有刺的,
为什么要开出美丽的花朵,供人类采摘呢?
荆棘,它因为没有花,所以没有困扰。"
玫瑰花低了首,轻轻地叹气道:
"人类也要斫伐荆棘呢!"
燕子无言地飞去了。
他飞了一程,停在一家瓦檐上。
天井中有许多鸡。
主人请客,把肥的鸡捉去杀了。
瘦的鸡们骄傲地自幸。
但是不久,主人因为恐鸡更瘦了,也连忙把它们捉去杀了。

燕子见了,悲哀地飞去了。
它飞到山上,飞到森林中,飞到水边,
择一所无人之地住着;
它不忍再到人世间游行了。

◎ 伴我朗读

　　这是郑振铎先生所写的一首诗,以拟人的手法写了燕子的所见所感,内容简短但含义丰富。玫瑰有鲜艳的花朵而被采摘,但荆棘没有花也被砍伐;肥的鸡被杀掉待客,但主人怕瘦的鸡更瘦,因而把它们也杀了……这让燕子感到"悲哀",简短鲜明的对比,也让读者产生像《庄子》中"有用""无用"那样的思考,言有尽而意无穷。

第五周 当代诗歌

21. 我选择夏天

任洪渊

我选择莲荷
选择莲荷的
夏天

我的圆叶,风一样飘起
追逐所有张开了的翅膀
从蜻蜓那透明无影的翅
到鹰的盘旋

太阳,这么近
火一样滚过我的叶面
我也没有放过一个,萤
那明明灭灭微弱的光点

夏天
洪水在泛滥

翻涌着的云，突然感到天空的拥挤
大朵大朵垂向天边
连诞生在春天的雷
也已经轰隆隆长大了
雨点也结得不能再饱满
野草，又一年
把大大小小的道路走完
所有的空间都已经被占领
为了新的刺探
我的圆荷像盾，挑战
一支支花苞的箭，对直地射向青天
在蔚蓝的深处，铿锵有声地
溅落了，溅落成
一团团的白雪
一团团的火焰
星一样盛开的莲
种在天上的莲
夏天

◎ 伴我朗读

　　这首诗表面上是在咏赞夏天，实质上却是表现诗人因夏天所触发的强烈的生命激情。这是觉醒之后的生命意识对世界的重新发现，体现了诗人对生命意义的思考和对生活的热爱。

22. 陨　石

郑愁予

小小的陨石是来自天上，罗列在故乡的河边
像植物的根子一样，使绿色的叶与白色的花
使这些欣荣的童话茂长，让孩子们采摘
这些稀有的宇宙的客人们
在河边拘谨地坐着，冷冷地谈着往事
轻轻地潮汐拍击，拍击
当薄雾垂幔，低霭铺锦
偎依水草的陨石们乃有了短短的睡眠

自然，我常走过，而且常常停留
窃听一些我忘了的童年，而且回忆那些沉默

那蓝色天原尽头,一间小小的茅屋
记得那母亲唤我的窗外
那太空的黑与冷以及回声的清晰与辽阔

◉ 伴我朗读

  该诗在写作手法上的一大特点是时空的转换。第一节写一个孩子对陨石的幻想,第二节则告诉我们这其实是一个成年人对童年的回忆。于是,整首诗既有孩子的童真童趣,也充满了追忆和怀旧的味道;既轻快明朗,又有些许沉重,诗的意蕴也在这时空的转换中变得更加丰厚。

23. 关于轻

迟 云

云朵能把你托起

雪花就能把你埋葬

生命,就是白色的粉末

在波涛汹涌的峰谷间壮丽抑或平淡

一只工蜂乃至一群工蜂

它们有形而上的追求吗

蚂蚁在适合的季节忙忙碌碌

仿佛在思考着同一个问题

如果灵魂与肉体分离

最先腐烂的未必是躯壳

如果灵魂不死作漂移运动

不知道它们选择夜晚还是白昼

礁石在倔强地抗争

沙滩在耐心地吸附

潮汐过后还是潮汐

远处则永远是一片平静的汪洋

大道至简

大味必淡

又有一阵微风刮过

卷起一地岁月的柳絮和名利的鸡毛

◎ 伴我朗读

  北京师范大学教授张清华曾说:"迟云的诗歌所写最多的,显然是对世态人心的思考,对于生命意义的追问,对于人性弱点的剖析。"这首《关于轻》便体现了诗人对生命意义以及人生价值的思考。"大道至简,大味必淡",不管是看似渺小的工蜂、蚂蚁,还是险象环生的礁石、沙滩,都从不同维度彰显了生命的意义。

24. 流水线

舒 婷

在时间的流水线里

夜晚和夜晚紧紧相挨

我们从工厂的流水线撤下

又以流水线的队伍回家来

在我们头顶

星星的流水线拉过天穹

在我们身旁

小树在流水线上发呆

星星一定疲倦了

几千年过去

它们的旅行从不更改

小树都病了

烟尘和单调使它们

失去了线条和色彩

一切我都感觉到了
凭着一种共同的节拍

但是奇怪
我唯独不能感觉到
我自己的存在
仿佛丛树与星群
或者由于习惯
或者由于悲哀
对本身已成的定局
再没有力量关怀

◎ 伴我朗读

　　舒婷这首《流水线》所展示的不是意境美，而是哲理美，体现了诗人对人生和生活的思考。舒婷曾在工厂做过焊锡工，这首诗所表现出的"悲哀"与感慨，或许即来自当时那段难忘的经历。

25. 我常常享受一种孤独

刘湛秋

我常常享受一种孤独
对着沉默的自然思索
无论是阳光下的花朵
或是朦胧月色中的星星
都给我自由的宽容

我常常享受一种孤独
无言的踱步或默对书桌
缸里的金鱼不问水仙花
断臂的维纳斯和我对视
没有谁干扰我想象的飞行

这时我不感到凄苦和寂寞
我能听到清泉的流水

和圆舞曲滑过夏夜的草丛

我又想马上跑到大街

去拥抱热烈而多彩的人生

◎ 伴我朗读

　　刘湛秋所享受的这种孤独，其实是一种思绪翱翔的自由。所谓"给我自由的宽容"，是因为在现实的生存环境中有着太多的纷纷扰扰。面对忙碌的生活，诗人没有迷惘和手足无措，而是"偷得浮生半日闲"，耐心地、充满生命热情地找到了人生的美感和闪光点。

第六周 现代散文(一)

26. 月朦胧，鸟朦胧，帘卷海棠红

朱自清

这是一张尺多宽的小小的横幅，马孟容君画的。上方的左角，斜着一卷绿色的帘子，稀疏而长；当纸的直处三分之一，横处三分之二。帘子中央，着一黄色的，茶壶嘴似的钩儿——就是所谓软金钩么？"钩弯"垂着双穗，石青色；丝缕微乱，若小曳于清风中。纸右一圆月，淡淡的青光遍满纸上；月的纯净、柔软与平和，如一张睡美人的脸。从帘的上端向右斜伸而下，是一枝交缠的海棠花。花叶扶疏，上下错落着，共有五丛；或散或密，都玲珑有致。叶嫩绿色，仿佛掐得出水似的；在月光中掩映着，微微有浅深之别。花正盛开，红艳欲流；黄色的雄蕊历历的，闪闪的，衬托在丛绿之间，格外觉得妖娆了。枝欹斜而腾挪，如少女的一只臂膊。枝上歇着一对黑色的八哥，背着月光，向着帘里。一只歇得高些，小小的眼儿半睁半闭的，似乎在入梦之前，还有所留恋似的。那低些的一只别过脸来对着这一只，已缩着颈儿睡了。帘下是空空的，不着一些痕迹。

试想在圆月朦胧之夜，海棠是这样的妩媚而嫣润，枝头的好鸟为什么却双栖而各梦呢？在这夜深人静的当儿，那高

踞着的一只八哥儿,又为何尽撑着眼皮儿不肯睡去呢?它到底等什么来着?舍不得那淡淡的月儿么?舍不得那疏疏的帘儿么?不,不,不,您得到帘下去找,您得向帘中去找——您该找着那卷帘人了?他的情韵风怀,原是这样这样的哟!朦胧的岂独月呢,岂独鸟呢?但是,咫尺天涯,教我如何耐得?我拼着千呼万唤,你能够出来么?

　　这页画布局那样经济,设色那样柔活,故精彩足以动人。虽是区区尺幅,而情韵之厚,已足沦肌浃髓而有余。我看了这画,瞿然而惊;留恋之怀,不能自已。故将所感受的印象细细写出,以志这一段因缘。但我于中西的画都是门外汉,所说的话不免为内行所笑——那也只好由他了。

◎ 伴我朗读

　　朱自清这篇散文写的是书画名家马孟容赠给他的一幅画。文句朴素淡雅,细致、全面地摹绘了画中内容,耐人寻味;文章虽小,却非常典型地体现了朱自清散文的艺术特色,与马孟容的画作相得益彰,堪称精品。

27. 苦　雨（节选）

周作人

　　我住在北京，遇见这几天的雨，却教我十分难过。北京向来少雨，所以不但雨具不很完全，便是家屋构造，于防雨亦欠周密。除了真正富翁以外，很少用实垛砖墙，大抵只用泥墙抹灰敷衍了事。近来天气转变，南方酷寒而北方淫雨，因此两方面的建筑上都露出缺陷。一星期前的雨把后园的西墙淋坍，第二天就有"梁上君子"来摸索北房的铁丝窗，从次日起赶紧邀了七八位匠人，费两天工夫，从头改筑，已经成功十分八九，总算可以高枕而卧，前夜的雨却又将门口的南墙冲倒二三丈之谱。这回受惊的可不是我了，乃是川岛君"佢（qú）们"俩，因为"梁上君子"如再见光顾，一定是去躲在"佢们"的窗下窃听的了。为消除"佢们"的不安起见，一等天气晴正，急需大举地修筑，希望日子不至于很久，这几天只好暂时拜托川岛君的老弟费神代为警护罢了。

　　前天十足下了一夜的雨，使我夜里不知醒了几遍。北京除了偶然有人高兴放几个爆仗以外，夜里总还安静，那样哗啦哗啦的雨声在我的耳朵已经不很听惯,所以时常被它惊醒,就是睡着也仿佛觉得耳边粘着面条似的东西,睡得很不痛快。还有一层,前天晚间据小孩们报告,前面院子里的积水已经离台阶不及一寸,夜里听着雨声,心里糊里糊涂地总是想水已上了台阶,浸入西边的书房里了。好容易到了早上五点钟,赤脚撑伞,跑到西屋一看,果然不出所料,水浸满了全屋,约有一寸深浅,这才叹了一口气,觉得放心了,倘若这样兴高采烈地跑去,一看却没有水,恐怕那时反觉得失望,没有现在那样的满足也说不定。幸而书籍都没有湿,虽然是没有什么价值的东西,但是湿成一饼一饼的纸糕,也很是不愉快。现今水虽已退,还留一种涨过大水后的普通的臭味,固然不能留客坐谈……

　　这回大雨,只有两种人最喜欢。第一是小孩们。他们喜欢水,却极不容易得到,现在看见院子里成了河,便成群结队地去"趟河"去。赤了足伸到水里去,实在很有点冷,但是他们不怕,下到水里还不肯上来。大人见小孩玩得很有趣,也一个两个地加入,但是成绩却不甚佳,那一天里滑倒了三个人,其中两个都是大人——其一为我的兄弟,其一是川岛君。第二种喜欢下雨的则为蛤蟆。从前同小孩住高亮桥去钓鱼钓不着,只捉了好些蛤蟆,有绿的,有花条的,拿回来都放在院子里,平常偶叫几声,在这几天里便整日叫唤,或者是荒年之兆吧,却极有田村的风味。有许多耳朵皮嫩的人，很恶喧嚣，如麻雀、蛤蟆或蝉的叫声，凡足以妨碍他们的甜睡者，无一不深恶而痛绝之，大有欲灭此而午睡之意，我觉得大可以不必如此，随便听听都是很有趣的，不但是这些久成诗料的东西，一切鸣声其实都可以听。蛤蟆在水田里群叫，深夜静听，往往变成一种金属音，很是特别，又有时仿佛是狗叫，古人常称蛙蛤为吠，大约也是从实验而来。我们院子里的蛤蟆现在只见花条的一种，它的叫声更不漂亮，只是格格格这个叫法，可以说是革音，平常自一声至三声，不会更多，唯在下雨的早晨，听它一口气叫上十二三声，可见它是实在喜欢极了。

◎ 伴我朗读

　　这篇散文节选自周作人写给孙伏园的一封信，也是周作人散文的代表作之一。这是一篇"借物咏怀"的文章，"苦雨"很能代表作者当时的心境。"雨"是客观景象，"苦"是主观感受，作者借着回忆和想象，将各种各样的"雨"搬到笔下，使整篇文章始终笼罩在淡淡的哀愁里。

28. 雨

郁达夫

周作人先生名其书斋曰"苦雨",恰正与东坡的喜雨亭名相反。其实,北方的雨,却都可喜,因其难得之故。像今年那么大的水灾,也并不是雨多的必然结果;我们应该责备治河的人,不事先预防,只晓得糊涂搪塞,虚糜国帑(tǎng),一旦有事,就互相推诿,但救目前。人生万事,总得有个变换,方觉有趣;生之于死,喜之于悲,都是如此,推及天时,又何尝不然?无雨哪能见晴之可爱,没有夜也将看不出昼之光明。

我生长江南,按理是应该不喜欢雨的;但春日暝蒙,花枝枯竭的时候,得几点微雨,又是一件多么可爱的事情!"小楼一夜听春雨""杏花春雨江南""天街细雨润如酥",从前的诗人,早就先我说过了。夏天的雨,可以杀暑,可以润禾,它的价值的大,更可以不必再说。而秋雨的霏微凄冷,又是别一种境地,昔人所谓"雨到深秋易作霖,萧萧难会此时心"的诗句,就在说秋雨的耐人寻味。至于秋女士的"秋雨秋风愁煞人"的一声长叹,乃别有怀抱者的托辞,人自愁耳,何关雨事。三冬的寒雨,爱的人恐怕不多。但"江关雁声来渺渺,灯昏宫漏听沉沉"的妙处，若非身历其境者绝领悟不到。记得曾宾谷曾以《诗品》中语名诗，叫作《赏雨茅屋斋诗集》。他的诗境如何，我不晓得，但"赏雨茅屋"这四个字，真是多么的有趣！尤其是到了冬初秋晚，正当"苍山寒气深，高林霜叶稀"的时节。

◎ 伴我朗读

郁达夫的《雨》与周作人的《苦雨》相比，一写江南，一写北平，一写喜，一写苦，形成了鲜明对比。作者在这篇短文中引用了大量与"雨"有关的诗句，显得诗意盎然，生动概括了江南四季降雨的特点，给读者留下了深刻印象。

29. 蝉与纺织娘（节选）

郑振铎

虫之乐队，因季候的关系而颇不同，夏天与秋令的虫声，便是截然的两样。蝉之声是高旷的，享乐的，带着自己满足之意的；它高高地栖在梧桐树或竹枝上，迎风而唱，那是生之歌，生之盛年之歌，那是结婚曲，那是中世纪武士美人的大宴时的行吟诗人之歌。无论听了那叽——叽——的曼长声，或叽格——叽格——的较短声，都可同样地受到一种轻快的美感。秋虫的鸣声最复杂。但无论纺织娘的咭嘎（jī gā），蟋蟀的唧唧，金铃子之叮令，还有无数无数不可名状的秋虫之鸣声，其声调之凄抑却都是一样的；它们唱的是秋之歌，是暮年之歌，是薤（xiè）露之曲。它们的歌声，是如秋风之扫落叶，怨妇之奏琵琶，孤峭而幽奇，清远而凄迷，低徊而愁肠百结。你如果是一个孤客，独宿于荒郊逆旅，一盏荧荧的油灯，对着一张板床，一张木桌，一二张硬板凳，再一听见四壁唧唧知知的虫声间作，那你今夜便不用再想稳稳地安睡了，什么愁情，乡思，以及人生之悲感，都会一串一串地从根儿勾引起来，在你心上翻来覆去，如白老鼠在戏笼中走轮盘一般，一上去便不用想下来憩息。如果你不是一个客人,你有家庭,你有很好的太太,你并没有什么闲愁胡想,那么,在你太太已睡之后,你想在书房中静静地写些东西时,这唧唧的秋虫之声却也会无端地窜入你的心里,翻掘起你向不曾有过的一种凄感呢。如果那一夜是一个月夜,天井里统是银白色,枯秃的树影,一根一条地很清朗地印在地上,那么你的感触将更深了。那也许就是所谓悲秋。

秋虫之声,大都在蝉之夏曲已告终之后出现,那正与气候之寒暖相应。但我却有一次奇异的经验:在无数的纺织娘之鸣声已来了之后,却又听得满耳的蝉声。我想我们的读者中有这种经验的人是必不多的。

◉ 伴我朗读

《蝉与纺织娘》是郑振铎散文的代表作。作者运用多种表现手法,通过对"虫之乐队"的描写,抒发对生活的感受,表现了对大自然的喜爱之情。

"夏天与秋令的虫声",有很大不同。夏虫之鸣的代表是蝉,秋虫之鸣的代表是纺织娘,它们各自的鸣声带给人的感触是不一样的。蝉之声高旷辽远,热烈喧嚣,富有活力,是欢快的,给人以美感;纺织娘之声孤幽凄迷,低徊哀怨,是悲凉的,给人以愁思。两相比较,作者对夏蝉的喜爱便不言而喻了。

如果说夏蝉之鸣是"生之歌",那么本文便是一篇富有生活情趣的文人之歌。

30. 茶　馆

张恨水

北平任何一个十字街口，必有一家油盐杂货铺（兼菜摊），一家粮食店，一家煤店。而在成都不是这样，是一家很大的茶馆，代替了一切。我们可知蓉城人士之上茶馆，其需要有胜于油盐小菜和煤者。

茶馆是可与古董齐看的铺，不怎么样高的屋檐，不怎么白的夹壁，不怎么粗的柱子，若是晚间，更加上不怎么亮的灯火（电灯与油灯同）。矮矮的黑木桌子（不是漆的），大大的黄旧竹椅，一切布置的情调是那样的古老。在坐惯了摩登咖啡馆的人，或者会望望然而去之。可是，我们就自绝早到晚间都看到这里椅子上坐着有人，各人面前放着一盖碗茶，陶然自得，毫无倦意。有时，茶馆里坐得席无余地，好像一个很大的盛会。其实，各人也不过是对着那一盖碗茶而已。

有少数茶馆里，也添有说书或弹唱之类的杂技，但那是因有茶馆而生的，并不是因演杂技而产生茶馆。由于并不奏技，茶座上依然满坐着茶客可以证明。在这里，我对于成都市上之时间充裕，我极端地敬佩与欣慕。苏州茶馆也多，似乎仍有小巫大巫之别。而况苏州人还要加上一个吃点心，与五香豆糖果之类，其情况就不同了。一寸光阴一寸金，有时也许会作个例外。

◎ 伴我朗读

　　张恨水的这篇《茶馆》发表于1943年，主要是写成都的茶馆。作者通过成都与北平、苏州茶馆的对比，以娓娓道来的语气、简短精练的文字，概述了成都茶馆的特点，也见微知著地描绘了当时成都人的生活状态。

第七周 当代散文

31. 爸爸教我读中国诗（节选）

程 怡

十个月的时候，我得了一场可怕的脑膜炎，到了一岁半还不会说话，父母非常担心。一天，爸爸看报，我坐在他的膝上，指着某一个标题中的"上"字，爸爸说："上？"我对他表示满意，赶紧从他的膝上爬下来，拽着他走到书箱前，得意洋洋地指着书箱外"函上"的"上"字，表明我认识这个字，这件事对父母而言，真是"上上大吉"！他们不再担心我有智力障碍了。之后，爸爸开始教我读诗。

爸爸常教我念两个人的诗：一个是杜甫，一个是陆游。

依稀记得，孩提时的一个夏夜，我困极了，趴在爸爸的膝上，爸爸摇着大蒲扇，满天的星斗朦朦胧胧的。"僵卧孤村不自哀，尚思为国戍轮台……"突然，爸爸那江西乡音很重的诵读声使我睁开了眼睛，我不知道那奇特的吟啸中有什么，但我一下子记住了这首诗。

上学前我已经会背那首《示儿》："死去元知万事空，但悲不见九州同。王师北定中原日，家祭无忘告乃翁。"爸爸问我懂不懂最后那句，我很得意地嚷嚷说："那意思就是烧香磕头的时候别忘了告诉你爸爸！"当时，爸爸高兴得眼泪都流出来了。

1959年秋，我上小学。那年冬天，爸妈因故很长时间不能住在家。姐姐是长女，照顾我和弟弟。一天晚上，爸爸出乎意料地出现在我们面前，令我们欢天喜地，难以入眠。躺在床上跟爸爸念杜甫的诗："遥怜小儿女，未解忆长安。"爸爸问我懂不懂这诗句，我说："我懂的，不过，爸爸想念我们的时候，我们也想念爸爸的。"爸爸不再说话，只是听我继续背他教我的诗。

　　爸爸生命的最后几年，完全卧床不起。每当德沃夏克的大提琴协奏曲悲鸣的旋律在蕉影婆娑的窗边响起的时候，爸爸就会喃喃吟诵杜甫的诗。他告诉我，那一刻让他想起了故乡老宅，想起了祖母和母亲。

　　那时我已在大学教中国古代文学，我理解父亲：人生无非家国之情，杜甫、陆游，我父亲他们这一代的知识分子，对家国，都有一种深情。父亲吟诗的声音，永远留在了我心底。

　　很多年后，我看见报上某篇文章引了一首绝句，感觉就像遇到了一个老熟人。我没有念过那首诗，但我熟悉那种风格。回来一查，果然是陆游的诗，"征车已驾晨窗白，残烛依然伴客愁。"我当时的感受真是难以名状。爸爸在我童年时便种在我生命里的东西，突然宣告了它的无可移易的存在！

伴我朗读

　　爸爸教"我"的诗永生难忘，这些诗蕴含的精神情怀影响了"我"的一生，其中也寄托了"我"对爸爸的感恩与怀念。

32. 窗前的树（节选）

张抗抗

我家窗前有一棵树，那是一棵高大的洋槐。

洋槐在春天，似乎比其他的树都沉稳些。杨与柳都已翠叶青青，它才爆发出米粒大的嫩芽：只星星点点的一层隐绿，悄悄然绝不喧哗。又过了些日子，忽然就挂满了一串串葡萄似的花苞，又如一只只浅绿色的蜻蜓缀满树枝——当它张开翅膀跃跃欲飞时，薄薄的羽翼在春日温和的云朵下染织成一片耀眼的银色。那个清晨你会被一阵来自梦中的花香唤醒，那香味甘甜淡雅、撩人心脾，却又若有若无。你寻着这馥（fù）郁走上阳台，你的身子为之一震，你的眼前为之一亮，顿时整个世界都因此灿烂而壮丽：满满的一树雪白，袅袅低垂，如瀑布倾泻四溅。银珠般的花瓣在清风中微微飘荡，花气熏人，人也陶醉。

便设法用手勾一串鲜嫩的槐花，一小朵一小朵地放进嘴里，如一个圣洁的吻，甜津津、凉丝丝的。轻轻地咽下，心也香了。

槐花开过，才知春是真的来了。铺在桌上的稿纸，便也文思灵动起来。那时的文字，就有了些轻松。

夏的洋槐，巍巍然郁郁葱葱，一派的生机勃发。夏日常有雨，暴雨如注时，偏爱久久站在窗前看我的槐树——它任凭狂风将树冠刮得东歪西倒，满树的绿叶呼号犹如一头发怒的雄狮，它翻滚，它旋转，它战栗，它呻吟。曾有好几次我以为它会被风暴折断，闪电与雷鸣照亮黑暗的瞬间，我窥见它的树干却始终岿然。大雨过后，它轻轻抖落树身的水珠，那一片片细碎光滑的叶子被雨水洗得发亮，饱含着水分，安详而平静。

那个时刻我便为它幽幽地滋生出一种感动。自己的心似乎变得干净而澄明。雨后清新的湿气萦绕书桌徘徊不去，我想这书桌会不会是用洋槐树木做成的呢？否则为何它负载着沉重的思维却依然结实有力。

洋槐伴我一春一夏的绿色，到秋天，艳阳在树顶涂出一抹金黄，不几日，窗前已是装点得金碧辉煌。秋风乍起，金色的槐树叶如雨纷纷飘落，我的思路便常常被树叶的沙沙声打断。我明白那是一种告别的方式。它们从不缠缠绵绵凄凄切切，它们只是痛痛快快利利索索地向我挥挥手，连头也不回。它们离开了槐树就好比清除了衰老，抛去了陈旧，是一个必然，一种整合，一次更新。它们一日日稀疏凋零，安然地沉入泥土，把自己还原给自己。他们需要休养生息，一如我需要忘却所有的陈词滥调而寻找新的开始。所以凝望一棵斑驳而残缺的树，我并不怎样觉得感伤和悲凉——我知道它们明年还会再回来。

冬天的洋槐便静静地沉默，向我展示它的挺拔与骄傲。或许没人理会过它的存在，它活得孤独，却也活得自信，活得潇洒。寒流摇撼它时，它黑色的枝条俨然如乐队指挥庄严的手臂，指挥着风的合奏。树叶落尽以后，树杈间露出一只褐色的鸟窝，肥硕的喜鹊喳喳欢叫，几只麻雀飞来飞去，到阳台上寻食，偶尔还有乌鸦的黑影匆匆掠过，时喜时悲地营造出一派生命的气氛，使我常常猜测着鸟们的语言，也许是在提醒着我什么。雪后的槐树一身素裹银光璀璨，在阳光还未及融化它时，真不知是雪如槐花，还是槐花如雪。

年复一年，我已同我的洋槐过了六个春秋。在我的一生中，我与槐树无言相对的时间将超过所有的人，这段漫长又真实的日子，槐树与我无声的对话，便构成一种神秘的默契。

◎ 伴我朗读

　　作者借槐树的四季表达自己的人生态度：灿烂时尽情释放但不失沉稳，风雨中岿然不动而安详平静，告别时痛快利索，孤独时自信洒脱。

33. 暮雨乡愁（节选一）

张清华

　　一个人在外面待得久了，方知古人在诗歌里所写的那些思乡的愁绪，并非尽是"强说"的装点之辞。"平林漠漠烟如织，寒山一带伤心碧。"日暮时分，烟波江上的愁思不知不觉地就弥漫开来——海德堡的景色常常让我想起崔颢的诗和太白的词。冬日的白昼格外短促，刚刚还是中午，一转眼就到了黄昏，薄暮乍起，惨淡的云如烟如雾地浮起来，涅卡河边的那些形体巨大的柳树在冷风中瑟缩着它们的枝条，几天前还挂满了深黄的枯叶，而今已如此寥落寒怆，还有那些枝条如乱箭般高插云霄的杨树，在冬日的天空下也显得格外苍凉凄楚。这些特别带着东方色彩的草木，似乎特别能够勾起人思乡的情怀。还有河边的那群大雁，它们忘忧地散乱在草地上，整理着羽毛，在风中发着呱呱的悲鸣，看样子这个冬天它们是不准备离开这里了。眼前的这一切明明是典型的中国式的、在那么多古典诗词里被反复吟咏描画过的意境，而今却原封不动地搬到了遥迢万里的西洋夷域，怎不让人生出人面桃花、物是人非的莫名心绪？

天空中又开始飘起蒙蒙的细雨——更准确地说是那种"像雾像雨又像风"的东西，一切都是湿漉漉的。华灯已然初上，路上的匆匆忙忙归家的车辆也打开了雾灯，景物深沉而斑驳起来，天空愈加阴郁低沉，湿云仿佛是贴地而行，而归宿的成千上万的乌鸦，则互相追逐鼓噪着，用大片的蔽空的乌黑翅翼，加深着暮色中苍凉的气息。河岸小路上偶尔有骑自行车赶路的人，冒着雨雾，如惊弓之鸟般疾速前行，散碎的铃声像枯叶在草地上随风飘零。幽暗中独行的我，猛可地想起了美国诗人埃兹拉·庞德的那首《地铁车站》的诗句：

人群中这些面孔幽灵一般显现
湿漉漉的黑色枝条上的许多花瓣

我似乎在刹那间领会了这两句诗的真正含义，明白从前在许多书本和场所中那些牵强附会的解释，完全是隔靴搔痒不着边际。其实那真真正正是一首表达孤独的诗，宛如夜雨中的旅人，迎面的一切虽然斑驳陆离，人的面孔若隐若现，但相互之间却是完全地阻隔着，虽然近在交臂却又恍如隔世。只不过庞德是在幽深而充满了"地狱"般幻觉的地铁车站里，而我，则是在幽暗的黄昏雨幕中感受这一切，景不同但心却相近。人生的境域看起来是千差万别的，但实际上却又总是差不多的。庞德将那些灯光中闪烁的面孔比作偶然，但又用"黑色枝条"——那"地狱"中延伸向黑暗的铁轨比作了必然,它安排了无数过客的命运之轨,让他们无法躲避地相遇,在片刻里绽放成好看的花瓣,但这花瓣又脆弱不堪,一如那瞬间的幻觉,很容易凋零。每个人都是过客,他们互相之间各自孤独地错过,毫无例外。

◎ 伴我朗读

《暮雨乡愁》选自张清华先生的散文集《海德堡笔记》,写于作者在海德堡大学讲学期间。黄昏飘起细雨,在遥远的海德堡,竟然能够感受到"典型的中国式的、在那么多古典诗词里被反复吟咏描画过的意境",这让作者深切感受到了乡愁的滋味。

34. 暮雨乡愁（节选二）

张清华

人们总把乡愁简单地理解为对家的依恋，或对故地的追忆，其实这样的理解未免太偏狭具体了，我此刻体会出了那种滋味，并非是那么简单。事实上乡愁是一种真正的绝望，一种生命里同来俱在的愁思，乡愁不是空间的，而是时间的，它的方向是遥远的过去；乡愁不是恋物，而是自恋，它所牵挂的不是那片实际上常常显得很抽象的祖居之地，而是悲悼自己的生命、身世与韶光。古往今来那么多思乡的诗篇，细细想来，原不过是对自我的悲怜："昔我往矣，杨柳依依；今我来思，雨雪霏霏。"歌者哀叹的是岁月的逝水对自己无情的抛掷。诗哲说，"诗人的天职是还乡"，而"故乡处于大地的中央"——看起来这是一个空间的理念，但细想，这故乡仍不过是指人"长大的地方"，因为那里印下了稚儿的足迹，他的生命中最初和最美的部分抛洒在了那里。生命的家宅，记忆的归宿，稚儿离开了那里，是因为童年那美好的时光已挥手远去，他已踏上被命运抛离的注定远游他乡的不归途。这真真正正是永世的分离，便是"去年今日此门中，人面桃花相映红"的情景，一旦你回来追寻，也早已是"上穷碧落下黄泉，两处茫茫皆不见"的伤心之地。

我便想象那位初唐的诗人，在登上幽州古台时的悲叹："前不见古人，后不见来者。念天地之悠悠，独怆然而涕下。"原曾觉得他的悲号未免有些夸张，但今想来，那命运对每个生为凡胎的肉身不过就是这样设定，"人生代代无穷已，江月年年只相似"。任凭你把酒问天，悲呼浩叹，天道怎会屈就人伦，肯给你些许丝毫的通融和怜悯。因了这个宿命，中国的诗人骚客们，自汉以后，便都变成了唯美的感伤主义者，或感伤的唯美主义者。他们是文人，但同时又是诗哲，是厌世又恋世的病人。我想中国的文学中，之所以有一个很特殊很强烈的乡愁的传统，恐与这种"生命本体论"的哲学，和他们悲剧论的人生观念不无关系。他们像戴望舒笔下的那只乐园鸟，带着对往事和故园的永恒相思，顾念前行，划成一道血痕斑斑的生命的彩虹。

◎ 伴我朗读

面对潇潇暮雨，身在异国他乡的作者感受到了深切的乡愁。作者化用一系列优美的诗句，含蓄而深切地表达了对故土的思念。而由自身的乡愁，作者也联想到了中国文学中"很特殊很强烈的乡愁的传统"，表达了对"乡愁"和"文学传统"的理性认知。

35. 暮雨乡愁（节选三）

张清华

一个人在冷雨中独立前行。

便是把你想象成那行列中的来者，你终究也是你自己。来者和去者，在那永恒的天道中相差多少？想到此，剩下的便只是释然。感伤主义并不见得就是只懂得颓伤，如果是导向对生命的深在和洞悉的认识的话，感伤当然也包含了真正的彻悟和坚强。因为一切并未缘此而中辍，生生不息，代代相接，因了那永远的乡愁，他们去作那不歇的远游。因为真正的家乡是没有人能够返回去的，你看见了苍茫的来路，但循着那布满荆棘的路途回去时，看到的无非是一个"愁"字，就像鲁迅在他的小说里描绘的一样，你看到的是变了的一切，而别人看到的则是变了的你，月光下的故事已然变成了永久的追忆，童年时的伙伴促膝而坐也如不曾相识，这就是故乡——鲁迅小说中的诗。没有人像他那样明白，即便是置身于故地和亲人中间，也仍有一种命定的深深的孤独。更不要说在那脉脉温情之外，还布满着温柔的陷阱，在那缱绻的话语中间，也还响着令人心寒的弦外之音。亲情和爱在那里相迎，仇恨和刻毒也定然已经久候。就如那日与友人所谈起的思乡话题，开始时都不免有些许的激动，各各争相夸耀自己的城市和那一方的风物人情，可一想到终究要回到那烦心的倾轧之中，回到那种种莫名其妙的关心与掣肘，还有那少不了专横和欺瞒的压抑之中时，那心便直凉得寒气四溢。

然而这也终究改不了那份执着又强烈的向往与追怀。你知道，那些忧愤与不平，实际上早已经与那份情感的执拗断了关系，你是一个彻头彻尾的无可救药者，纵然那故地已是泥泞的陷阱和煎熬的火坑，你也跳定了。

永世的来路，无悔的方向。暮雨中思乡的旅人，她正离你越来越远，也离你越来越近。

◎ 伴我朗读

在深切的乡愁中，作者在内心深处怀念故乡，然而也意识到自己与心中的"故乡"渐行渐远。"你看到的是变了的一切，而别人看到的则是变了的你，月光下的故事已然变成了永久的追忆"，旅行在外的人在空间上与故乡渐行渐远，但在心理上，其对家的依恋和对故地的追忆却会越来越强烈，这正是作者在潇潇暮雨中的深切感悟。

第八周 外国诗歌（一）

36. 蝈蝈和蛐蛐

〔英〕约翰·济慈

大地的诗啊永远不会死：
当骄阳炎炎使百鸟昏晕，
躲进了树荫，却有个声音
在草地边、树篱间飘荡不止；
那是蝈蝈在领喝，在奢华的夏日
它的欢乐永远消耗不尽，
因为如果它唱得疲倦过分，
就在草叶下享受片刻的闲适。
大地的诗啊永远不会停：
在寂寞的冬夜里，当霜雪
织出一片静寂，炉边的蛐蛐
尖声吟唱，歌声随着温度上升，
使人在睡意蒙眬中恍惚听得，
绿草如茵的山坡上蝈蝈的歌曲。

（飞白 译）

◎ **伴我朗读**

　　这是一首昂扬进取的生命赞歌。在炎夏的烈日和寒冬的霜雪中，我们还可以听到蝈蝈和蛐蛐欢快的歌声；同样，在充满烦恼与痛苦的人生中，我们仍然拥有美和希望。诗人在诗中所流露的热爱大自然、热爱生活的高昂激情，给人以积极向上的力量。

37. 眼　睛

〔法〕普吕多姆

天蓝、乌黑，都可爱，都美，
无数的眼睛见过了晨光；
它们在坟墓深处沉睡，
而朝阳依旧把世界照亮。

比白昼更温存的黑夜
用魔术迷住了无数眼睛；
星星永远闪耀不歇，
眼睛却盛满了无边阴影。

难道它们的眼神已经熄灭？
不，不可能，这是错觉！
它们只是转向了他方——
那被称为不可见的世界。

西斜的星辰辞别了我们,
但仍漂游在茫茫天宇,
眼珠虽也像星星般西沉,
但它们并没有真的死去;

天蓝、乌黑,都可爱,都美,
开启眼帘,面向无限的晨光;
在坟墓的另一面,在他方,
阖上的眼睛仍在眺望。

(飞白 译)

◎ 伴我朗读

　　眼睛是心灵的窗户。这首诗通过对"眼睛"这一具有象征意义的意象的描述,表现了诗人乐观向上的人生态度。蓝眼睛和黑眼睛,很容易使人想到西方人和东方人,而所有的眼睛"都可爱,都美",体现了诗人的普世情怀。

38. 小工人

〔智利〕加夫列拉·米斯特拉尔

妈妈，如果我长大成人，
嘿，你瞧我会是个壮汉。
我双臂会将你举起，
好似风儿吹刮麦田。

你曾为我缝制褴褛，
我要为你筑起住房。
要是我来铸造钢梁，
保证坚固不会摇晃。

你的孩子，你的泰坦
为你造的房屋多么漂亮，
屋檐遮下的阴凉
也会使你神怡心旷。

我要为你浇灌一片果园,
果儿香气扑脸。
把它们挂满你的裙子;
花一般柔丽,蜜一般香甜。

也许最好是为你织一幅壁毯,
编出郁金香的图案,
或者是凿那么一对磨盘
边为你歌唱,边为你磨面。

啊,你的小伙子多么欢乐
无论在炼铁炉边、风磨小面,
在海上,还是干着杂活
都在引吭高歌。

我这双手
将打开窗子一扇又一扇;
收获的庄稼一捆又一捆,
让你数也数不完……
你曾用红色粉笔

外国诗歌（一）

教我懂得开创，

并且在你的歌儿里，

给予我整个的山谷和海洋……

啊！你的孩子会干得那么漂亮，

将把你放在

麦浪之间，

稻谷垛上……

（陈光孚　译）

◎ 伴我朗读

　　米斯特拉尔的诗里到处是"爱"。她虽然没有孩子，却写下了很多脍炙人口的儿童诗。在诗中，她既是母亲，又是孩子，对不同角色心理的揣摩十分到位。《小工人》一诗，用儿童的口吻，对一个孩子渴望长大、渴望反哺的心理进行了细腻描绘。整首诗语言优美，抒情自然、亲切，处处洋溢着盎然的童趣，营造了一个单纯而优美的意境。

39. 冬天的早晨

〔俄〕普希金

冰霜和阳光：多美妙的白天！
妩媚的朋友，你却在安眠；
是时候了，美人儿，醒来吧！
快睁开被安乐闭上的睡眼。
请出来吧，作为北方的晨星，
来会见北国的朝霞女神！

昨夜，你记得，风雪在飞旋，
险恶的天空笼罩一层幽暗；
遮在乌云后发黄的月亮
像是夜空里苍白的斑点，
而你闷坐着，百无聊赖——
可是现在……啊，请看看窗外：

在蔚蓝的天空下，像绒毯
灿烂耀目地在原野上铺展。
茫茫一片白雪闪着阳光，
只有透明的树林在发暗，
还有枞树枝子透过白霜
泛出绿色：冻结的小河晶亮。

整个居室被琥珀的光辉照得通明。
刚生的炉火内
发出愉快的噼啪的声响，
这时，躺在床上遐想可真够美。
然而，你是否该叫人及早
把棕色的马套上雪橇！

亲爱的朋友，一路轻捷
让我们滑过清晨的雪，
任着烈性的马儿奔跑，

让我们访问那空旷的田野,

那不久以前葳蕤的树林,

那河岸,对我是多么可亲。

（查良铮　译）

◎ 伴我朗读

　　普希金在这首诗中描写的是冬天的早晨,体现了诗人愉悦的心情。白雪红日,蓝天绿树,还有森林与小河,这扑面而来的冬景,让诗人满心欣喜。自然的美景打动了诗人的心灵,诗人急不可耐地给马套上雪橇,要向远方飞驰。这表现了诗人对美好生活的热爱。

40. 预　感

〔奥地利〕里尔克

我像一面旗帜被空旷包围，
我预感到来风，我必须忍耐；
下界的万物还没有动静：
门轻掩，烟囱无声；
窗户尚未颤抖，尘土很重。

我认出风暴而激动如大海。
我舒放开去又跌落回来，
我挣脱自身，独自
投入伟大的风暴中。

（北岛　译）

◎ 伴我朗读

　　诗人以旗自喻，表现了投身斗争的勇气与渴望。此诗语言很有特点。比如，周围空旷无物，却说"被空旷包围"；烟囱不说没烟，却说"无声"；尘土本是轻的，"很重"也有违常识。但诗人这样写，大大增加了诗歌的张力和耐读性。"我认出风暴而激动如大海"，把旗帜在风中飘扬的姿态与内心的动荡完美地结合在一起，因而极具感染力。

第九周 古代诗歌(三)

41. 除夜宿石头驿

〔唐〕戴叔伦

旅馆谁相问?寒灯独可亲。
一年将尽夜,万里未归人。
寥落悲前事,支离笑此身。
愁颜与衰鬓,明日又逢春。

◎ 伴我朗读

①除夜:除夕之夜。②支离:即分散。

这是诗人除夕夜远离家乡亲人,独宿旅店时创作的感慨自身遭际的诗作。此诗开篇把诗人独处异乡的寂寞苦涩写得十分深刻,结尾处又给人一种沉重的压抑感。全诗写出了沉思追忆和忆后重又回到现实时的自我嘲笑,蕴含着无穷的悲怆感慨和不尽的凄苦况味。

42. 寄李儋元锡

〔唐〕韦应物

去年花里逢君别,今日花开又一年。
世事茫茫难自料,春愁黯黯独成眠。
身多疾病思田里,邑有流亡愧俸钱。
闻道欲来相问讯,西楼望月几回圆。

◎ 伴我朗读

①李儋(dān):字元锡,诗人密友。②春愁:因春季来临而引起的愁绪。③思田里:想念田园乡里,即想到归隐。④邑有流亡:指在自己管辖的地区内还有百姓流亡。⑤愧俸钱:感到惭愧的是自己食国家的俸禄,而没有把百姓安定下来。⑥问讯:探望。

此诗写诗人对友人的思念之情。前四句即景生情,写花开花落引起诗人对茫茫世事的感叹。接着直抒情怀,写因多病而想辞官归田,反映内心的矛盾。"邑有流亡愧俸钱",既表达了对自己未能尽责的愧疚,也流露出进退两难的苦闷。结尾道出盼望与友人重聚,畅叙深情的真挚心愿。全诗起于分别,终于相约,体现了朋友间的深挚情谊,感情细腻动人,同时章法严密,对仗工整,用语婉转,堪为七律名篇。

43. 西塞山怀古

〔唐〕刘禹锡

王濬楼船下益州，金陵王气黯然收。
千寻铁锁沉江底，一片降幡出石头。
人世几回伤往事，山形依旧枕寒流。
今逢四海为家日，故垒萧萧芦荻秋。

◎ 伴我朗读

①千寻铁锁沉江底：东吴末帝孙皓命人在江中轧铁锥，又用大铁索横于江面，拦截晋船，但终究没能逃脱灭亡的命运。千寻，古代以八尺为一寻，千寻形容极长。②一片降幡出石头：西晋王濬率船队从武昌顺流而下，直到金陵，攻破石头城，吴主孙皓到营门投降。石头，即石头城，在今南京清凉山，是当时的军事要地。

此诗怀古伤今。前四句写西晋灭吴的历史故事；后四句写西塞山而今山形依旧，可是人事全非，进一步深化了诗的主题。全诗叙说的内容是历史上的事实，状摹的景色是眼前的实景，抒发的感叹是诗人胸中的真情，是刘禹锡怀古诗中的名篇。

古代诗歌（三）

44. 花非花

〔唐〕白居易

花非花，雾非雾，
夜半来，天明去。
来如春梦几多时？
去似朝云无觅处。

◎ 伴我朗读

①春梦：春天的梦，比喻易逝的荣华和无常的世事。②几多时：没有多少时间。

《花非花》是唐代诗人白居易所写的一首杂言古诗。此诗表达对人生如梦的感慨，表现出一种对生活中消逝了的美好事物的追念、惋惜之情。全诗由一连串的比喻构成，环环相扣，如行云流水，描述隐晦而又真实，朦胧中又有节律整伤与错综之美，在白居易的诗歌作品中别具一格。

45. 登柳州城楼寄漳汀封连四州刺史

〔唐〕柳宗元

城上高楼接大荒,海天愁思正茫茫。
惊风乱飐芙蓉水,密雨斜侵薜荔墙。
岭树重遮千里目,江流曲似九回肠。
共来百越文身地,犹自音书滞一乡!

◎ 伴我朗读

①大荒:泛指荒僻的边远地区。②海天愁思:如海如天般无边无际的愁思。③乱飐(zhǎn):吹动。④薜荔(bì lì):一种蔓生植物,也称木莲。⑤九回肠:愁肠九转,形容愁绪缠结难解。⑥犹自:仍然是。⑦音书:音信。⑧滞:阻隔。

柳宗元因事被贬,作此诗寄给际遇相同的韩泰、韩晔、陈谏、刘禹锡。此诗寄赠四位共患难而天各一方的朋友,抒写思念朋友而难以相见的愁思,表现出真挚的友谊。此外,"海天愁思"中亦包括身世坎坷、世事莫测、仕途险恶之叹。诗人写风雨侵飐、岭树遮挡,不仅仅是写自然现象,也表现了诗人遭贬以后忧恐烦乱的心境。

第十周 古代诗歌（四）

46. 遣悲怀三首（其二）

〔唐〕元 稹

昔日戏言身后意，今朝都到眼前来。
衣裳已施行看尽，针线犹存未忍开。
尚想旧情怜婢仆，也曾因梦送钱财。
诚知此恨人人有，贫贱夫妻百事哀。

◎ 伴我朗读

①戏言：开玩笑的话。②身后意：关于死后的设想。③行看尽：眼看快要完了。④怜：怜爱，痛惜。⑤诚知：确实知道。

诗歌主要写妻子死后的"百事哀"。诗人写了在日常生活中引起哀思的几件事。人已逝去，而遗物犹在。为了避免见物思人，诗人便将妻子穿过的衣裳施舍出去；将妻子做过的针线活仍然原封不动地保存起来，不忍打开。每当看到妻子身边的婢仆，也引起自己的哀思，因而对婢仆也平添一种哀怜的感情。白天事事触景伤情，夜晚仍是魂牵梦萦，可见诗人一片感人的痴情。

47. 暮过山村

〔唐〕贾　岛

数里闻寒水，山家少四邻。
怪禽啼旷野，落日恐行人。
初月未终夕，边烽不过秦。
萧条桑柘外，烟火渐相亲。

◎ 伴我朗读

①恐：此处为使动用法，使……惊恐。②初月：新月。③终夕：通宵，彻夜。④边烽：边境上报告战事的烽火。⑤烟火：指炊烟。

此诗以"寒水"开始，"烟火"告终，中间历叙旷野中的怪禽、落日、初月、边烽，给人的感受是由寒而暖，从惶恐而至欣慰。山区景物随着时间的推移而不断变动，诗人的情绪也随之起伏。这首诗充分体现了贾岛"幽奇寒僻"的诗风。

古代诗歌(四)

48. 咸阳城西楼晚眺

〔唐〕许 浑

一上高城万里愁,蒹葭杨柳似汀洲。
溪云初起日沉阁,山雨欲来风满楼。
鸟下绿芜秦苑夕,蝉鸣黄叶汉宫秋。
行人莫问当年事,故国东来渭水流。

◎ 伴我朗读

①汀洲:这里指代诗人在江南的故乡。②鸟下绿芜秦苑夕,蝉鸣黄叶汉宫秋:夕照下,飞鸟下落至长着绿草的秦苑中,秋蝉也在挂着黄叶的汉宫中鸣叫着。③东来:指诗人自东边而来。

此诗以云、日、风、雨层层推进,又以绿芜、黄叶反复渲染,勾勒出萧条凄凉的意境,抒发了诗人对家国衰败的无限感慨。全诗情景交融,景中寓情,为唐人登临诗篇之佳作。

49. 梦 天

〔唐〕李 贺

老兔寒蟾泣天色，云楼半开壁斜白。
玉轮轧露湿团光，鸾珮相逢桂香陌。
黄尘清水三山下，更变千年如走马。
遥望齐州九点烟，一泓海水杯中泻。

◎ 伴我朗读

①梦天：梦游天上。②老兔寒蟾：指神话传说中住在月宫里的玉兔和金蟾。此句是说在一个幽冷的月夜，阴云四合，空中飘洒下阵阵寒雨，就像兔和蟾在哭泣。③云楼半开壁斜白：指云层变幻，白色的月光斜穿过云隙，把云层映照得像海市蜃楼一样。④玉轮轧露湿团光：月亮带着光晕，像被露水打湿了似的。⑤鸾珮：雕刻着鸾凤的玉佩，代指仙女。⑥走马：跑马。⑦遥望齐州九点烟，一泓海水杯中泻：在月宫俯瞰大地，九州小得就像九个模糊的小点，而大海小得就像一杯水。

此诗写梦游月宫的情景。前四句写在月宫之所见，后四句写在月宫看人世的感受。诗人的用意，主要不在于表现对月宫仙境的神往，而在于表达对人生短暂、世事无常的感叹。

50. 江 村

〔唐〕杜 甫

清江一曲抱村流,长夏江村事事幽。
自去自来梁上燕,相亲相近水中鸥。
老妻画纸为棋局,稚子敲针作钓钩。
但有故人供禄米,微躯此外更何求?

◎ 伴我朗读

①清江:清澈的江水。江,指锦江,岷江的支流,流经成都西郊的一段被称为"浣花溪"。②稚子:指诗人年幼的儿子。③微躯:微贱的身躯。这里是诗人自谦之辞。

《江村》是唐代诗人杜甫创作的一首七律。唐肃宗上元元年(760年)夏,"安史之乱"还没有结束,诗人在朋友的资助下,在四川成都郊外的浣花溪畔盖了一间草堂。在饱经战乱之苦后,诗人的生活暂时得到了安宁,妻子儿女同聚一处,重新获得了天伦之乐。这首诗借景抒怀,表达了诗人对安定生活的珍惜与满足。全诗结构严谨,语言流畅,颇有生活情趣,历来被视为杜甫的代表作。

第十一周 古代散文(二)

51. 墨子·兼爱中(节选)

子墨子言:视人之国,若视其国;视人之家,若视其家;视人之身,若视其身。是故诸侯相爱,则不野战;家主相爱,则不相篡;人与人相爱,则不相贼;君臣相爱,则惠忠;父子相爱,则慈孝;兄弟相爱,则和调。天下之人皆相爱,强不执弱,众不劫寡,富不侮贫,贵不敖贱,诈不欺愚。凡天下祸篡怨恨,可使毋起者,以相爱生也。是以仁者誉之。

◎ 伴我朗读

墨子强调,对待别人的家庭,要像对待自己家庭一样;对待别人的身体,要像对待自己身体一样。这就是墨家提倡的"兼爱",主张爱人如己。

古代散文(二)

52. 荀子·天论(节选)

天行有常,不为尧存,不为桀亡。应之以治则吉,应之以乱则凶。强本而节用,则天不能贫;养备而动时,则天不能病;循道而不忒(tè),则天不能祸。故水旱不能使之饥渴,寒暑不能使之疾,祅(yāo)怪不能使之凶。本荒而用侈,则天不能使之富;养略而动罕,则天不能使之全;倍道而妄行,则天不能使之吉。

伴我朗读

①不忒:没有差错。②祅怪:指反常、怪异的事物与现象。③倍道:背离正道。倍,通"背"。

人们应当掌握并运用自然规律,但人的行为应该顺应自然规律,而不应违背规律。这反映了荀子朴素的唯物主义自然观。

53. 孔子家语·王言解（节选）

曾子曰："敢问何谓七教？"

孔子曰："上敬老则下益孝，上尊齿则下益悌，上乐施则下益宽，上亲贤则下择友，上好德则下不隐，上恶贪则下耻争，上廉让则下耻节，此之谓七教。七教者，治民之本也。政教定，则本正也。凡上者，民之表也，表正则何物不正？是故人君先立人于己，然后大夫忠而士信，民敦俗璞（pú），男悫（què）而女贞，六者，教之致也！"

◎ 伴我朗读

①表：表率。②璞：质朴。③悫：诚实；谨慎。

这是孔子与弟子曾参一段完整的对话。本篇主要说明作为统领天下的王者，如何不出户牖而教化天下。其宗旨是"内修七教，外行三至"。这充分体现了儒家的政治理念。

54. 管子·牧民（节选）

政之所兴，在顺民心；政之所废，在逆民心。民恶（wù）忧劳，我佚乐之；民恶贫贱，我富贵之；民恶危坠，我存安之；民恶灭绝，我生育之。能佚乐之，则民为之忧劳；能富贵之，则民为之贫贱；能存安之，则民为之危坠；能生育之，则民为之灭绝。故刑罚不足以畏其意，杀戮不足以服其心。故刑罚繁而意不恐，则令不行矣；杀戮众而心不服，则上位危矣！故从其四欲，则远者自亲；行其四恶，则近者叛之。故知予之为取者，政之宝也。

伴我朗读

古人认为，判断政权是否"有德"的标准，在于百姓能否安居乐业。在春秋时期，管仲已经意识到，政权要稳定长久，就必须推行顺乎民心的政策。

55. 管子·治国（节选）

凡治国之道，必先富民。民富则易治也，民贫则难治也。奚以知其然也？民富则安乡重家，安乡重家则敬上畏罪，敬上畏罪则易治也。民贫则危乡轻家，危乡轻家则敢陵上犯禁，陵上犯禁则难治也。故治国常富，而乱国必贫。是以善为国者，必先富民，然后治之。

◎ 伴我朗读

①奚以：即"以奚"。以，介词，根据。奚，何。②陵：同"凌"，欺凌，侵犯。③犯禁：违反禁令，犯法。

这段文字为了讲清"治国之道，必先富民"的道理，从两个方面进行了论述。先从正面讲"民富则安乡重家，安乡重家则敬上畏罪，敬上畏罪则易治也"，然后从反面强调"民贫则危乡轻家，危乡轻家则敢陵上犯禁，陵上犯禁则难治也"，从而突出了"富民"对于"治国"的重要意义。

第十二周 现代诗歌(二)

56. 光 明

朱自清

风雨沉沉的夜里,
前面一片荒郊。
走尽荒郊,
便是人们的道。
呀!黑暗里歧路万千,
叫我怎样走好?
"上帝!快给我些光明吧,
让我好向前跑!"
上帝慌着说:"光明?
我没处给你找!
你要光明,
你自己去造!"

◎ 伴我朗读

　　这首诗写出了诗人对现实的认识,对光明的殷切呼唤和对前进道路的初步思考。诗歌通过假设的与"上帝"的对话,运用象征和对比手法,把哲理熔铸于具体的形象之中,避免了抽象与晦涩之感,显得亲切、灵动。

57. 北河沿的路灯

朱自清

有密密的毡儿,

遮住了白日里繁华灿烂。

悄没声的河沿上,

满铺着寂寞和黑暗。

只剩城墙上一行半明半灭的灯光,

还在闪闪烁烁地乱颤。

他们怎样微弱!

但却是我们唯一的慧眼!

他们帮着我们了解自然;

让我们看出前途坦坦。

他们是好朋友,

给我们希望和慰安。

祝福你灯光们,

愿你们永久而无限!

◎ 伴我朗读

　　这首诗的前半部分描写黑暗笼罩下的灯光,后半部分则抒发对光明的赞美之情。灯光在诗中意味着光明,但它不是居高临下的恩泽赐予者,而是人类的"好朋友"。这表达了诗人对光明的渴望与赞颂。

58. 风　筝

林徽因

看，那一点美丽
会闪到天空！
几片颜色，
挟住双翅，
心，缀一串红。

飘摇，它高高地去，
逍遥在太阳边
太空里闪
一小片脸，
但是不，你别错看了
错看了它的力量，
天地间认得方向！
它只是
轻的一片，
一点子美
像是希望，又像是梦；
一长根丝牵住

现代诗歌（二）

天穹，渺茫——
高高推着它舞去，
白云般飞动，
它也猜透了不是自己，
它知道，知道是风！

伴我朗读

　　林徽因的《风筝》发表于1936年。这首诗以风筝为描摹对象，文句轻灵，仿佛空中"白云般飞动"的风筝。诗人清醒地认识到，风筝"逍遥在太阳边"，不是因为它自己的力量，而是因为有风"高高推着它舞去"。这既体现了诗人对风筝的直观认识，也反映了她对个体与他人关系的深刻思考。

59. 诗

徐玉诺

轻轻地捧着那些奇怪的小诗，
慢慢地走入林去；
小鸟们默默地向我点头，
小虫儿向我瞥眼。
我走入更阴森更深密的林中，
暗把那些奇怪东西放在湿漉漉的草上。

看呵，这个林中！
一个个小虫都张出它的面孔来，
一个个小叶都睁开它的眼睛来，
音乐是杂乱的美妙，
树林中，这里，那里，
满满都是奇异的，神秘的诗丝织着。

◎ 伴我朗读

　　诗应当从诗心的灵性出发，通过敏锐的感觉，以神奇的想象为媒介，去沟通人与自然。《诗》就是写的这种感受和发现，也是诗人对诗的见解。这首诗以美妙的想象和细腻的描写见长，诗人强调优秀的诗歌作品应当能引起读者共鸣，激发读者的审美意识。

60. 夜　歌

朱　湘

唱一支古旧，古旧的歌……
朦胧的，在月下，
回忆，苍白着，远望天边
不知何处的家……

说一句悄然，悄然的话……
有如漂泊的风，
不知怎么来的，在耳语
对了草原的梦……

落一滴迟缓，迟缓的泪……
与露珠一样冷，

在衣襟上，心坎上，不知
何时落的，无声……

◎ 伴我朗读

　　诗人在诗歌创作方面，主动接受和借鉴中国传统诗歌的艺术表达方式，努力追寻传统诗歌清丽柔美的艺术风格。这首诗写得美丽轻盈，营造了一种宁静迷人的境界，具有强烈的音乐感，婉转幽静，飘忽轻扬，显得甜美而和谐。

第十三周 现代散文（二）

61. 树与柴火

废 名

我家有两个小孩子，他们都喜欢"捡柴"。每当大风天，他们两个，一个姊姊，一个弟弟，真是像火一般的喜悦，要母亲拿篮子给他们到外面树林里去拾枯枝。一会儿都是满篮的柴回来了，这时乃是成绩报告的喜悦，指着自己的篮子问母亲道："母亲，我捡得多不多？"

如果问我："小孩子顶喜欢做什么事情？"据我观察之所得，我便答道："小孩子顶喜欢捡柴。"我这样说时，我是十分的满足，因为我真道出我家小孩子的欢喜，没有附会和曲解的地方。天下的答案谁能像我的正确呢！

我做小孩子时也喜欢捡柴。我记得我那时喜欢看女子们在树林里扫落叶拿回去做柴烧。我觉得春天没有冬日的树林那么的繁华，仿佛一枚一枚的叶子都是一个一个的生命了。冬日的落叶，乃是生之跳舞。在春天里，我固然喜欢看树叶子，但在冬天里我才真是树叶子的情人似的。我又喜欢看乡下人在日落之时挑了一担"松毛"回家。松毛者，松叶之落地而枯黄者也，弄柴人早出晚归，大力者举一担松毛而肩之，庞大如两只巨兽，旁观者我之喜悦，真应该说此时落日不是落日而是朝阳了。为什么这样喜悦？现在我有时在路上遇见挑松毛的人，很觉得奇异，这有什么可喜悦的？人生之不相了解一至如此。

然而我看见我的女孩子喜欢跟着乡下的女伴一路去采松毛，我便总怀着一个招待客人的心情，伺候她出门，望着她归家。

现在我想，人类有记忆，记忆之美，应莫如柴火。春华秋实都到哪里去了？所以我们看着火，应该是看春花，看夏叶，昨夜星辰，今朝露水，都是火之生平了。终于又是虚空，因为火烧了则无有也。庄周则说："火传也，不知其尽也。"

◎ 伴我朗读

《树与柴火》是废名先生代表作之一，文字灵动而充满哲思。孩子们对捡柴的喜爱，真诚而热烈，纯净而自然，那是生命本真的展现。生命是深刻的，那"巨兽"般的柴所生成的蓬勃的火，丰富地辉映着记忆中的春夏秋冬。生命更是无穷尽的，树成了柴火，火入虚空，但"不知其尽也"。生命的美好，尽现于废名先生笔下。

62. 上景山（节选）

许地山

无论哪一季，登景山，最合宜的时间是在清早或下午三点以后。晴天，眼界可以望到天涯的朦胧处；雨天，可以赏雨脚的长度和电光的迅射；雪天，可以令人咀嚼着无色界的滋味。

在万春亭上坐着，定神看北上门后的马路（从前路在门前，如今路在门后）尽是行人和车马，路边的梓（zǐ）树都已掉了叶子。不错，已经立冬了，今年天气可有点怪，到现在还没冻冰。多谢芰（jì）荷的业主把残茎都去掉，教我们能看见紫禁城外护城河的水光还在闪烁着。

……

东城西城的天空中，时见一群一群旋飞的鸽子……它能在空中发出和悦的响声，翩翩地飞绕着，教人觉得在一个灰白色的冷天，满天乱飞乱叫的老鸹（guā）的讨厌。然而在刮大风的时候，若是你有勇气上景山的最高处，看看天安门楼屋脊上的鸦群，噪叫的声音是听不见，它们随风飞扬，直像从什么大树飘下来的败叶，凌乱得有意思。

万春亭周围被挖得东一沟，西一窟。据说是管宫的当局挖来试看煤山是不是个大煤堆，像历来的传说所传的。我心里暗笑信这说的人们。是不是因为北宋亡国的时候，都人在城被围时，拆毁艮岳的建筑木材去充柴火，所以计划建筑北京的人预先堆起一大堆煤，万一都城被围的时，人民可以不拆宫殿。这是笨想头。若是我来计划，最好来一个米山。米在万急的时候，也可以生吃，煤可无论如何吃不得。又有人说景山是太行的最终一峰。这也是瞎说。从西山往东几十里平原，可怎么不偏不颇，在北京城当中出了一座景山？若说北京的建设就是对着景山的子午，为什么不对北海的琼岛？我想景山明是开紫禁城外的护城河所积的土，琼岛也是垒积从北海挖出来的土而成的。

　　从亭后的梏（guā）树缝里远远看见鼓楼。地安门前后的大街，人马默默地走，城市的喧嚣声，一点也听不见。鼓楼是不让正阳门那样雄壮地挺着。它的名字，改了又改，一会是明耻楼，一会又是齐政楼，现在大概又是明耻楼吧。明耻不难，雪耻得努力。

◎ 伴我朗读

　　《上景山》是许地山的散文代表作之一，也是游记散文中的经典之作。本文既写了景山独特的景物，又借游览景山这一因由，以浅白、通畅的语言，表达了对历史和现实的深切感悟。

现代散文（二）

63. 春晖的一月（节选）

朱自清

今年到宁波时，听许多朋友说，白马湖的风景怎样怎样好，更加向往。虽然于什么艺术都是门外汉，我却怀抱着爱"美"的热诚。三月二日，我到这儿上课来了。在车上看见"春晖中学校"的路牌，白地黑字的，小秋千架似的路牌，我便高兴。出了车站，山光水色，扑面而来，若许我抄前人的话，我真是"应接不暇"了。于是我便开始了春晖的第一日。

走向春晖，有一条狭狭的煤屑路。那黑黑的细小的颗粒，脚踏上去，便发出一种摩擦的骚音，给我多少轻新的趣味。而最系我心的，是那小小的木桥。桥黑色，由这边慢慢地隆起，到那边又慢慢地低下去，故看去似乎很长。我最爱桥上的阑干，那变形的卍纹的阑干，我在车站门口早就看见了，我爱它的玲珑！桥之所以可爱，或者便因为这阑干哩。我在桥上逗留了好些时。这是一个阴天。山的容光，被云雾遮了一半，仿佛淡妆的姑娘。但三面映照起来，也就青得可以了，映在湖里，白马湖里，接着水光，却另有一番妙景。我右手是个小湖，左手是个大湖。湖有这样大,使我自己觉得小了。湖水有这样满,仿佛要漫到我的脚下。湖在山的趾边,山在湖的唇边,他俩这样亲密,湖将山全吞下去了。吞的是青的,吐的是绿的,那软软的绿呀,绿的是一片,绿的却不安于一片;它无端地皱起来了。如絮的微痕,界出无数片的绿;闪闪闪闪的,像好看的眼睛。湖边系着一只小船,四面却没有一个人,我听见自己的呼吸。想起"野渡无人舟自横"的诗,真觉物我双忘了。

好了,我也该下桥去了;春晖中学校还没有看见呢。弯了两个弯儿,又过了一重桥。当面有山挡住去路;山旁只留着极狭极狭的小径。挨着小径,抹过山角,豁然开朗,春晖的校舍和历落的几处人家,都已在望了。远远看去,房屋的布置颇疏散有致,绝无拥挤、局促之感。我缓缓走到校前,白马湖的水也跟我缓缓地流着。我碰着丏(miǎn)尊先生。他引我过了一座水门汀的桥,便到了校里。校里最多的是湖,三面潺潺地流着;其次是草地,看过去芊芊的一片。我是常住城市的人,到了这种空旷的地方,有莫名的喜悦!乡下人初进城,往往有许多惊异,供给笑话的材料;我这城里人下乡,却也有许多的惊异——我的可笑,或者竟不下于初进城的乡下人。闲言少叙,且说校里的房屋、格式、布置固然疏落有味,便是里面的用具,也无一不显出巧妙的匠意,决无笨伯的手泽。晚上我到几位同事家去看,壁上有书有画,布置井井,令人耐坐。这种情形正与学校的布置，自然界的布置是一致的。美的一致，一致的美，是春晖给我的第一件礼物。

……

说到我自己，却甚喜欢乡村的生活，更喜欢这里的乡村的生活。我是在狭的笼的城市里生长的人，我要补救这个单调的生活，我现在住在烦嚣的都市里，我要以闲适的境界调和它。我爱春晖的闲适！

我已说了我的"春晖的一月"，我说的都是我要说的话。或者有人说，赞美多而劝勉少，近乎"戏台里喝彩"！假使这句话是真的，我要切实声明：我的多赞美，必是情不自禁之故，我的少劝勉，或是观察时期太短之故。

四月十二夜

◎ 伴我朗读

朱自清的《春晖的一月》发表于1924年。作者当时应夏丏尊先生之邀，在春晖中学任教，在那里结识了丰子恺、朱光潜等好友。这篇散文以真挚的感情，描写了当地景物的优美和生活的闲适，语言本色自然，真诚感人，充分展现了朱自清散文的特色。

64. 冰雪北海

张恨水

北平的雪,是冬季一种壮观景象。没有到过北方的南方人,不会想象到它的伟大。大概有两个月到三个月,整个北平城市,都笼罩在一片白光下。登高一望,觉得这是个银装玉琢的城市。自然,北方的雪,在北方任何一个城市,都是堆积不化的,没有什么可看的。只有北平这个地方,有高大的宫殿,有整齐的街巷,有伟大的城圈,有三海几片湖水,有公园、太庙、天坛几片柏林,有红色的宫墙,有五彩的牌坊,在积雪满眼,白日行天之时,对这些建筑,更觉得壮丽光辉。

要赏鉴动人的景致,莫如北海。湖面让厚冰冻结着,变成了一面数百亩的大圆镜。北岸的楼阁树林,全是玉洗的。尤其是五龙亭五座带桥的亭子,和小西天那一幢八角宫殿,更映现得玲珑剔透。若由北岸看南岸,更有趣。琼岛高拥,真是一座琼岛。山上的老柏树,被雪反映成了黑色。黑树林子里那些亭阁上面是白的,下面是阴暗的,活像是水墨画。北海塔涂上了银漆，有一丛丛的黑点绕着飞，是乌鸦在闹雪。岛下那半圆形的长栏，夹着那一个红漆栏杆、雕梁画栋的漪澜堂。又是素绢上画了一个古装美人，颜色是格外鲜明。

五龙亭中间一座亭子，四面装上玻璃窗户，雪光冰光反射进来，那种柔和悦目的光线，也是别处寻找不到的景观。亭子正中，茶社生好了熊熊红火的铁炉，这里并没有一点寒气。游客脱下了臃肿的大衣，摘下罩额的暖帽，身子先轻松了。靠玻璃窗下，要一碟羊膏，来二两白干，再吃几个这里的名产肉末夹烧饼。周身都暖和了，高兴渡海一游，也不必长途跋涉东岸那片老槐雪林，可以坐冰床。冰床是个无轮的平头车子，滑木代了车轮，撑冰床的人，拿了一根短竹竿，站在床后稍一撑，冰床哧（chī）溜一声，向前飞奔了去。人坐在冰床上，风呼呼地由耳鬓吹过去。这玩意儿比汽车还快，却又没有一点汽车的响声。这里也有更高兴的游人，却是踏着冰湖走了过去。我们若在稍远的地方，看看那滑冰的人，像在一张很大的白纸上，飞动了许多黑点，那活是电影上一个远镜头。

走过这整个北海，在琼岛前面，又有一弯湖冰。北国的青年，男女成群结队的，在冰面上溜冰。男子是单薄的西装，女子穿了细条儿的旗袍，各人肩上，搭了一条围脖，风飘飘地吹了多长，他们在冰上歪斜驰骋，做出各种姿势，忘了是在冰点以下的温度过活了。在北海公园门口,你可以看到穿戴整齐的摩登男女,各人肩上像搭梢马裢(lián)子似的,挂了一双有冰刀的皮鞋,这是上海香港摩登世界所没有的。

◎ 伴我朗读

　　这篇《冰雪北海》发表于1945年,是张恨水先生非常有名的作品。作者强调北平雪景的壮丽,又着重写了北海雪景的鲜明动人,以及雪后北海的热闹场景,极富生活气息,表现了作者对生活的热爱。

65. 翡冷翠山居闲话（节选）

徐志摩

在这里出门散步去，上山或是下山，在一个晴好的五月的向晚，正像是去赴一个美的宴会，比如去一果子园，那边每株树上都是满挂着诗情最秀逸的果实，假如你单是站着看还不满意时，只要你一伸手就可以采取，可以恣尝鲜味，足够你性灵的迷醉。阳光正好暖和，决不过暖；风息是温驯的，而且往往因为它是从繁花的山林里吹度过来，它带来一股幽远的淡香，连着一息滋润的水汽，摩挲着你的颜面，轻绕着你的肩腰，就这单纯的呼吸已是无穷的愉快；空气总是明净的，近谷内不生烟，远山上不起霭（ǎi），那美秀风景的全部正像画片似的展露在你的眼前，供你闲暇的鉴赏。

作客山中的妙处，尤在你永不须踌躇你的服色与体态；你不妨摇曳着一头的蓬草，不妨纵容你满腮的苔藓；你爱穿什么就穿什么；扮一个牧童，扮一个渔翁，装一个农夫，装一个走江湖的桀卜闪，装一个猎户；你再不必提心整理你的领结，你尽可以不用领结，给你的颈根与胸膛一半日的自由，你可以拿一条这边颜色的长巾包在你的头上,学一个太平军的头目,或是拜伦那埃及装的姿态;但最要紧的是穿上你最旧的旧鞋,别管它模样不佳,它们是顶可爱的好友,它们承着你的体重却不叫你记起你还有一双脚在你的底下。

◎ 伴我朗读

　　这是一篇富有田园牧歌情调的"诗化"散文。文章以与隐含的读者"你"交谈"闲话"的口吻展开写景和抒情——亲切自然,又带有些急于让"你"与之共享、共乐的迫不及待。作者着意从个体内心感受的角度和方式,抒写独自作客于翡冷翠(即佛罗伦萨)山中的妙处和快乐的心境。

第十四周　外国诗歌（二）

66. 短　歌

〔法〕雷尼埃

一支小小的芦笛于我已经足够

使高耸的枝柯

和整个草原

和温馨的杨柳

以及爱唱歌的小溪嘘嘘作响，

一支小小的芦笛于我已经足够

让整个森林歌唱。

那些路过的人将会听见这个声音

在他们思想里的薄暮时分

在寂静里、在大风中

抑或响亮抑或喑（yīn）哑

抑或接近抑或远离

那些路过的人，在他们的思想中间

侧耳倾听。从他们内心深处

如此真切地听见这个声音
永远在歌唱。

对我来说已经足够
用这支在爱神临镜的溪水边
采撷到的小小芦苇,
(她容颜严肃
她在哭泣。)
使那些路过的人眼含热泪,
水流呜咽,草叶颤抖不已。
而我,轻轻搦(nuò)起一支芦笛
让整个森林歌唱。

(徐知免 译)

◎ 伴我朗读

　　芦笛的传说,是象征派诗人经常吟咏的一个题材。罗马神话中,山林农牧之神潘恩追求林泽仙女,仙女无处藏身,化为芦苇,从此潘恩便以芦苇作笛寄托思念之情。第一节说诗人吹奏芦笛,整个大自然都沉浸在笛声中(实则是诗人的自我陶醉)。第二节用了回旋往复的述说方式,写他人的共鸣。第三节写芦笛的来历及动人的原因——这支芦笛蘸有爱神的悲伤,所以格外动人。我们可以这样理解,小小的芦笛在此喻指诗歌或其他艺术。

67. 致大海

〔俄〕普希金

再见吧,自由的海洋!
这是最后一次在我面前
显示你浩瀚雄伟的美景,
翻动你蓝色的波澜。

这是我最后一次谛听
你沉郁的喧嚣、召唤的呼喊,
像谛听朋友悲戚的怨诉、
在告别时刻发出的呼唤。

你是我的心灵向往的境界!
我为一个隐秘的思想而痛苦,
默默无言、愁眉不展地
经常在你的岸边踯躅!

我多么喜欢你的回声、
你深沉的轰鸣、来自海底的喧嚣、
你在傍晚时分的寂静
和那变化无常的怒涛!

渔夫们那些普通的帆船,
在你变化莫测的波涛上航行,
他们在勇敢地破浪前进;
但你发起怒来就无法制服,
成群的船舶会在你腹中葬身。

至今我还不能永远离开
你这枯燥的、静止的海岸,
不能欢天喜地地向你庆贺,
我这诗人的逃亡还不能
在波涛汹涌的海面上实现!

你等待着,召唤……可我不自由,
我的心灵徒然地挣扎:
我被一种强烈的感情所主宰,

于是我就在岸边留下……

有什么可惋惜的？如今哪里有
我的无忧无愁的旅程？
有你的荒凉的海面上，只有一件事
也许能够震动我的心。

一座岩石，一座光荣的坟墓……
那些动人心魄的回忆
正沉没在死气沉沉的睡梦中：
拿破仑就在那里逝去。

在那里，他正在痛苦中长眠。
紧接在他后面，另一位天才
像暴风雨的呼啸，也离开了我们，
那是我们思想上的另一位主宰。

他曾为失去自由而痛哭，
如今逝去了，把桂冠留在世上，
咆哮吧，掀起惊涛骇浪吧，

啊，大海，他曾经为你歌唱。

在他身上体现了你的形象，
你的精气塑造了这位诗人，
他像你一样威严、深沉而阴郁，
也和你一样桀骜不驯。

世界空虚了……啊，海洋，
你现在要把我带到何方？
人们的命运到处都一样：
无论是文明，无论是暴君，
都把幸福深深地埋藏。

再见吧，大海！我不会忘记
你那庄严美丽的景象，
我将久久地，久久地谛听
你在黄昏时分发出的轰响。

我将永远怀念你，我要把

外国诗歌(二)

你的岩石和你的海湾、

你的光和影、波浪的絮语

带进森林,带进寂静的荒原。

(冯春 译)

◎ 伴我朗读

　　普希金的《致大海》是一首反抗暴政、追求光明、讴歌自由的政治抒情诗。大海有恢宏的气度、奇伟的力量,是自由和力量的象征。诗人首先以大海为知音,一往情深地话别大海,激情洋溢地讴歌大海。诗人深情缅怀拿破仑和伟大诗人拜伦,抒发自己崇尚自由而壮志难酬,敬慕英雄而前途渺茫的困惑。最后两节照应开篇,再次抒发了诗人告别大海,怀念大海,铭记大海,追求自由的心声。

68. 总 是

〔玻利维亚〕弗雷雷

想象中漫游的鸽子哟

你激发最强烈的恋情；

想象中漫游的鸽子哟

光芒、音乐和鲜花的魂灵。

在孤独岩石的上方飞翔。

沐浴着疼痛寒冷的海洋；

在你经过的孤独忧郁的岩石上

有一束光芒……

在孤独岩石的上方飞翔，

漫游的鸽子啊，银白的翅膀

宛如神圣的供品，多么轻盈

恰似雪片一样；设想中

漫游的鸽子哟，神圣的翅膀

像雪片、百合、供品、薄雾一样……

（赵振江 译）

◎ 伴我朗读

    诗人写这首诗歌时，玻利维亚正处于生灵涂炭的境地中。诗人选用"鸽子"作为鲜明的意象，一下子吸引住了读者，从而表达出对祖国解放与民族自由的渴望。

69. 秋　怨

〔奥地利〕莱　瑙

可爱的春天，你消逝了！
无处可永驻你的芳踪！
我见你繁花盛开之处，
尽是秋天不安的骚动。

秋风是多么悲恻地吹过
灌木林中，它像在哭泣；
大自然的垂死的叹息
在凋零的树丛中战栗。

一年又已经匆匆而去，
多么迅速！多么迅速！
林中飒飒地传来问话：
你的心可曾找到幸福？

林中的喧嚣，你奇妙地
打中我的心，使我哀伤！
每一年都很忠实地带来
枯萎的叶子、枯萎的希望。

（钱春绮　译）

◎ 伴我朗读

　　"我为伤春心自醉"，"自古逢秋悲寂寥"，伤春、悲秋是古今中外文学作品中常见的主题。这首诗写春天的消逝和秋天的凄凉，表现了诗人对时光飞逝的无奈和对幸福的执着追求。全诗结构严谨，语言简洁流畅，情感哀婉缠绵、动人心弦，很容易引起读者的共鸣。

70. 天　鹅

〔法〕普吕多姆

湖水深邃平静如一面明镜，
天鹅双蹼划浪，无声地滑行。
它两侧的绒毛啊，像阳春四月
阳光下将溶未溶的白雪，
巨大乳白的翅膀在微风里颤，
带着它漂游如一艘缓航的船。
它高举美丽的长颈，超出芦苇，
时而浸入湖水，或在水面低回，
又弯成曲线，像浮雕花纹般优雅，
把黑的喙藏在皎洁的颈下。
它游过黑暗宁静的松林边缘，
风度雍容又忧郁哀怨，
芊芊芳草啊都落在它的后方，
宛如一头青丝在身后荡漾。
那岩洞，诗人在此听他的感受，

那泉水哀哭着永远失去的朋友,
都使天鹅恋恋,它在这儿流连。
静静落下的柳叶擦过它的素肩。
接着,它又远离森林的幽暗,
昂着头,驶向一片空阔的蔚蓝。
为了庆祝白色——这是它所崇尚,
它选中太阳照镜的灿烂之乡。
等到湖岸沉入了一片朦胧,
一切轮廓化为晦冥的幽灵,
地平线暗了,只剩红光一道,
灯心草和菖兰花都纹丝不摇。
雨蛙们在宁静的空气中奏乐,
一点萤火在月光下闪闪烁烁。
于是天鹅在黑暗的湖中入睡,
湖水映着乳白青紫的夜的光辉,
像万点钻石当中的一个银盏。
它头藏翼下,睡在两重天空之间。

(飞白 译)

◎ 伴我朗读

《天鹅》是普吕多姆创作的抒情诗,用舒缓优雅的语言向读者描绘了天鹅的优美姿态和高贵形象,给读者留下了深刻印象。

附 录

朗读资料卡

8. 人问寒山道

寒山（生卒年不详）：唐代长安（今陕西西安）人。出身于官宦人家，多次投考不第，后出家，三十岁后隐居于浙东天台山。其诗内容复杂，多写僧人生活，亦有描写山林景色和反映农民愁苦生活之作。诗风通俗自然，多有俚语。有《寒山子诗集》。

9. 省试湘灵鼓瑟

钱起（约720—约782）：字仲文，吴兴（今浙江湖州）人，唐代诗人，大书法家怀素和尚之叔。唐天宝十年（751年）进士。被誉为"大历十才子之冠"。

10. 长沙过贾谊宅

刘长卿（？—约789）：字文房，河间（今属河北）人，唐代诗人。诗多写仕途失意之感，长于五言，自称"五言长城"。有《刘随州诗集》。

15. 请许台省长官举荐属吏状（节选）

陆贽（754—805）：唐代政治家、文学家。苏州嘉兴（今属浙江）人，字敬舆。大历八年（773年）进士，中博学宏词、书判拔萃科。德宗即位，召充翰林学士。

21. 我选择夏天

任洪渊（1937— ）：著名诗人，北京师范大学文学院教授。著有诗与诗学合集《女娲的语言》、汉语文化诗学导论《墨写的黄河》、多文体汉语文化哲学《汉语红移》等。

26. 月朦胧，鸟朦胧，帘卷海棠红

朱自清（1898—1948）：中国现代著名散文家、诗人、学者。江苏扬州人，原籍浙江绍兴。散文风格素朴缜密，清隽沉郁，以语言洗练、文笔秀丽著称。著有散文集《背影》《欧游杂记》等。

27. 苦　雨（节选）

周作人（1885—1967）：中国现代著名散文家、文学理论家、翻译家、诗人。浙江绍兴人。其散文作品题材广泛，风格冲淡平和，在现代文学史上具有重要影响。著有散文集《自己的园地》《雨天的书》等。

36. 蝈蝈和蛐蛐

约翰·济慈（1795—1821）：英国浪漫主义诗人。他的诗篇被认为完美地体现了西方浪漫主义诗歌的特色，被推崇为欧洲浪漫主义运动的杰出代表。代表作有《蝈蝈和蛐蛐》《夜莺颂》《秋颂》等。

37. 眼　睛

普吕多姆（1839—1907）：法国诗人。他是第一位获得诺贝尔文学奖的作家。26岁出版第一部诗集《诗歌集》。早期的诗歌以抒情为主，后期转而创作哲理诗和散文。代表作有《孤独与沉思》等。

38. 小工人

加夫列拉·米斯特拉尔（1889—1957）：智利女诗人。1945年获诺贝尔文学奖，成为拉丁美洲第一位获得该奖的诗人。代表作有《死的十四行诗》《绝望》等。

39. 冬天的早晨

普希金（1799—1837）：俄国著名诗人、俄国现代文学的奠基人、19世纪俄国浪漫主义文学主要代表，被誉为"俄国文学之父"。代表作有诗歌《自由颂》《致大海》，诗体小说《叶普盖尼·奥涅金》，小说《上尉的女儿》等。

41. 除夜宿石头驿

戴叔伦（732—789）：唐代诗人。字幼公，润州金坛（今属江苏）人。其诗多表现隐逸生活和闲适情调，有些篇章也反映了人民生活的艰苦。

42. 寄李儋元锡

韦应物（737—792）：唐代诗人。长安（今陕西西安）人。因出任过苏州刺史，世称"韦苏州"。诗风恬淡高远，以善于写景和描写隐逸生活著称。

43. 西塞山怀古

刘禹锡（772—842）：唐朝文学家、哲学家。字梦得，河南洛阳人，有"诗豪"之称。刘禹锡诗文俱佳，涉猎题材广泛，有《刘梦得文集》。

45. 登柳州城楼寄漳汀封连四州刺史

柳宗元（773—819）：唐代文学家、哲学家、政治家，唐宋八大家之一。字子厚，河东解县（今山西运城）人。有《柳河东集》。

46. 遣悲怀三首（其二）

元稹（779—831）：唐朝诗人。字微之，洛阳（今河南洛阳）人。与白居易共同倡导新乐府运动，世称"元白"。有《元氏长庆集》。

47. 暮过山村

贾岛（779—843）：唐代诗人。字阆仙，范阳（今河北涿州）人。其诗喜写荒凉枯寂之境，颇多寒苦之辞，与孟郊共称"郊寒岛瘦"。有《长江集》。

49. 梦 天

李贺（791—817）：唐代诗人。字长吉，福昌（今河南宜阳）人。李贺的诗作想象极为丰富，经常用神话传说来托古寓今，有"诗鬼"之称。有《雁门太守行》《李凭箜篌引》等名篇。著有《昌谷集》。

50. 江 村

杜甫（712—770）：盛唐大诗人。字子美，巩县（今河南巩义）人。其诗大胆揭露当时政治腐败和社会矛盾，对穷苦人民寄以深切同情，被称为"诗史"。他是我国古典诗歌的集大成者，善于运用各种诗歌形式，锤炼精严，沉郁顿挫，被尊为"诗圣"，对后世影响极大。有《杜工部集》。

59. 诗

徐玉诺（1894—1958）：现代著名诗人、教育家。叶圣陶评论他的诗有"奇妙的表现力、微妙的思想、绘画般的技术和吸引人的格调"。代表作有诗集《将来之花园》等。

61. 树与柴火

废名（1901—1967）：原名冯文炳，现代著名小说家、诗人、散文家。其作品风格独特，在现代文学史上独树一帜。代表作有小说《桥》、散文《五祖寺》等。

62. 上景山（节选）

许地山（1894—1941）：笔名落华生，中国现代著名小说家、散文家、学者。一生著作颇丰，代表作有《空山灵雨》《缀网劳蛛》《落花生》等。

64. 冰雪北海

张恨水（1895—1967）：现代著名小说家、散文家。原名张心远。他是由深受鸳鸯蝴蝶派影响的旧派小说向现代小说过渡的代表性作家。代表作有小说《金粉世家》《啼笑因缘》等。

66. 短　歌

雷尼埃（1864—1936）：法国后期象征主义诗人。在风格上，他起初受巴那斯派影响，出版了诗集《翌日》。后因喜爱魏尔伦、马拉美的作品而转向象征主义，写出《古传奇诗集》《乡村迎神赛会》。

68. 总　是

弗雷雷（1868—1933）：玻利维亚诗人，拉丁美洲后期现代主义诗歌重要代表人物之一。他的诗作带有浓郁的异国情调，成为现代主义流派中外来主义的典型。